FACULTÉ DE DROIT DE PARIS

DROIT ROMAIN

DE LA VENDITIO BONORUM

DROIT INTERNATIONAL

DE LA FAILLITE

DANS LES RAPPORTS INTERNATIONAUX

THÈSE POUR LE DOCTORAT

Présentée et soutenue, le 12 Juillet 1881, à midi,

PAR

Gaston HANQUET

Avocat à la Cour d'appel de Paris

CHATEAUDUN

IMPRIMERIE HENRI LECESNE

1881

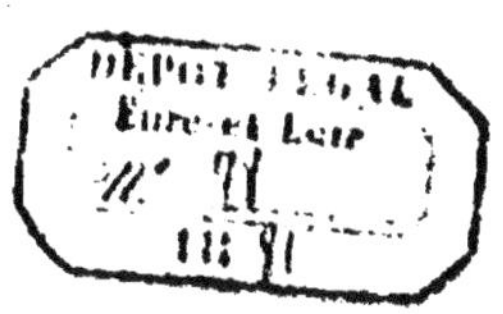

A LA MÉMOIRE DE MA MÈRE.

AUX MIENS.

A MON TRÈS CHER ET TRÈS HONORÉ MAITRE PIERRE.

DROIT ROMAIN

DE LA VENDITIO BONORUM

DROIT INTERNATIONAL

DE LA FAILLITE

DANS LES RAPPORTS INTERNATIONAUX

THÈSE POUR LE DOCTORAT

Présentée et soutenue, le 12 Juillet 1881, à midi,

PAR

Gaston HANQUET

Avocat à la Cour d'appel de Paris.

Président : M. BEUDANT, Doyen.

SUFFRAGANTS :
- MM. RATAUD } Professeurs.
- LABBÉ
- RENAULT } Agrégés.
- LEFEBVRE

Le Candidat répondra en outre aux questions qui lui seront
faites sur les autres matières de l'enseignement.

DROIT ROMAIN

DE LA
VENDITIO BONORUM

PRÉLIMINAIRES

La *venditio bonorum,* vente en masse des biens du débiteur, fut longtemps, à Rome, le seul mode d'exécution sur le patrimoine ; déjà créée au temps de Cicéron, elle n'existait plus cependant sous Justinien, ainsi qu'en témoigne un passage des *Institutes,* que nous citerons plus tard.

Il ne faudrait pas croire toutefois qu'elle eût été la première sanction des obligations contractées par un débiteur ; elle fut, en effet, précédée d'autres mesures, plus ou moins barbares, que nous devons étudier très brièvement. Nous aurons aussi à voir comment le droit romain passa de ces mesures à la *bonorum venditio*.

Au temps des actions de la loi, le moyen le plus souvent employé pour contraindre un débiteur à remplir ses engagements était la *manus inject'o*, véritable saisie corporelle, ayant pour le débiteur les conséquences les plus graves ; Gaius en traite dans les termes suivants : *Per manus injectionem æque de his rebus agebatur, de quibus ut ita ageretur, lege aliqua cautum est, velut judicati lege XII tabularum. Quæ actio talis erat. Qui agebat sic dicebat : Quod tu mihi judicatus sive damnatus es sestertium X millia, quæ dolo malo non solvisti, ob eam rem ego tibi sestertium X millium judicati manus injicio ; et simul aliquam partem corporis ejus prendebat. Nec licebat judicato manum sibi depellere, et pro se lege agere ; sed vindicem dabat, qui pro se causam agere solebat : qui vindicem non dabat, domum ducebatur ab actore et vinciebatur.*

La conséquence de cette *manus injectio* était l'*addictio.*

L'*addictio* n'avait lieu que dans les deux hypothèses suivantes : ou le débiteur a subi une sentence de condamnation (*judicatus*), ou il a fait l'aveu de sa dette devant le magistrat (*in jure confessus*). Dans ces deux cas la loi donnait au débiteur un délai de trente jours pour s'exécuter; en cas de non-acquittement de la dette dans ce délai, le créancier avait le droit de se saisir de la personne du débiteur en prononçant les paroles sacramentelles de la *manus injectio;* si, amené devant le magistrat, il refusait de payer ou de présenter un répondant solvable nommé *vindex*, le préteur l'attribuait au créancier, qui l'emmenait chez lui à l'état de prisonnier; il était alors *addictus*. Un nouveau délai de soixante jours lui était imparti pour lui permettre un arrangement amiable avec son créancier, délai pendant lequel on le conduisait devant le magistrat pendant trois jours de marché consécutifs (*tribus nundinis*), en proclamant la somme pour laquelle il était poursuivi. Si, pendant ce temps, personne ne payait la dette pour délivrer le débiteur, la loi permettait au créancier de le vendre comme esclave *trans Tiberim* et même de le mettre à mort; s'il y avait concours de plusieurs créanciers, les XII Tables les autorisaient à se partager le corps de leur débiteur : *Nam si plures forent,* dit Aulu-Gelle, (*Nuits attiques,* XX, 1) *quibus reus esset judicatus, secare si vellent atque partiri corpus addicti sibi hominis permiserunt.* Tout en l'adoucissant un peu, quant au traitement du débiteur *addictus*, la loi Pœtilia maintint l'*addictio*.

C'est aussi une exécution sur la personne du débiteur qui avait lieu dans le *nexum*.

Le *nexum* était la forme du contrat la plus anciennement pratiquée à Rome. Le débiteur qui avait emprunté suivant ces formes solennelles une somme d'argent qu'il ne payait pas à l'échéance, se trouvait à la discrétion du créancier, qui pouvait lui imposer une sorte de servitude, effet direct du contrat, se produisant sans aucune intervention de la justice. « On appelle du nom de *nexus*, dit « M. Giraud dans son *Traité des Nexi*, le débiteur « qui rend au créancier des services serviles, « après l'échéance de sa dette, pour un temps « indéterminé, jusqu'à l'extinction de la créance et « en vertu d'une convention particulière. » C'est là l'idée qu'avait exprimée Varron : *Liber qui suas operas in servitutem, pro pecunia quam debet, dat, dum solveret, nexus vocatur, ut ab ære obæratus.* (*De Lingua latina*, VII, § 105).

On conçoit à quels abus ce droit exorbitant des créanciers pouvait conduire avec la dépravation croissante des mœurs ; aussi un attentat commis par Papirius sur un jeune débiteur donna naissance à une loi Pœtilia, que Tite-Live rapporte en l'attribuant à l'an 425 de Rome ; cette loi, entre autres dispositions, supprimait d'une façon absolue les effets du *nexum* sur la personne du débiteur ; elle était ainsi conçue, d'après Tite-Live (VIII, chap. XXVIII) : *Ne quis, nisi noxam meruisset, donec pœnam lueret, in compedibus aut nervo teneretur, pecuniæ creditæ bona debitoris, non corpus obnoxium esset...; ita nexi soluti, cautum que ne in posterum necterentur.*

Concurremment avec la *manus injectio,* exécution sur la personne, il existait à Rome une sorte d'exécution sur les biens qui portait le nom de *pignoris capio,* qu'on n'appliquait que pour obtenir le paiement de créances spéciales. Gaius, qui nous l'indique (*Com. IV,* § 26-20), nous enseigne que ce fut spécialement pour les affaires militaires qu'on employa d'abord ce mode de contrainte, notamment pour le paiement de l'*æs militare,* de l'*æs hordearium* et de l'*æs equestre;* le soldat pouvait ainsi *capere pignus,* pour le paiement de sa solde, sur les biens de celui qui devait la distribuer. On autorisait encore la *pignoris capio* dans d'autres cas exceptionnels ; une loi *Censoria,* notamment, l'accordait aux publicains pour le recouvrement de l'impôt. C'était bien là l'idée première de l'exécution sur les biens du débiteur.

Le système de la vente en masse du patrimoine a été admis, pour la première fois, par le droit civil dans l'institution de la *bonorum sectio,* qui, se rattachant au droit public, ne pouvait avoir lieu qu'au profit de l'État. Elle n'avait lieu qu'en vertu d'un *judicium publicum,* lorsque la confiscation avait été décrétée contre un citoyen romain ou lorsqu'une condamnation à l'amende au profit du Trésor public n'avait pas été exécutée. Dans les deux hypothèses, le préteur envoyait les questeurs en possession des biens du débiteur ; ceux-ci les faisaient vendre en masse, à l'encan, en présence de la lance (*sub hasta*), symbole de droit de propriété, par le ministère du crieur public. Le citoyen qui mettait la plus forte enchère devenait l'adjudicataire, le *bonorum sector ;* il était regardé comme succédant *in universum jus* au débiteur ainsi exécuté, comme un héritier *jure civili* et non pas comme un simple *bonorum possessor.*

Ce fut le préteur Rutilius qui étendit au droit privé cette exécution sur la masse des biens du débiteur et qui, conséquemment, créa la *bonorum vendilio,* très probablement vers la fin du VIe ou au commencement du VIIe siècle de la fondation de Rome. Ce furent alors les créanciers, au lieu des questeurs, qui obtinrent l'envoi en possession précédant la vente en masse des biens.

La procédure de cette exécution sur le patrimoine du débiteur comprenait donc deux périodes que nous traiterons séparément : la *missio in possessionem* et la *venditio bonorum* proprement dite. Nous terminerons, dans un appendice, par un court examen de la *bonorum distractio,* qui la remplaçait à l'époque de Justinien.

PREMIÈRE PARTIE

MISSIO IN POSSESSIONEM

CHAPITRE Ier

DIFFÉRENTS CAS DE LA MISSIO IN POSSESSIONEM

Des trois causes d'envoi en possession que nous indique Ulpien (*Dig. Loi I, quibus ex causis*, XLII, 4), nous ne retiendrons que la *missio in possessionem* envisagée comme mode d'obliger le débiteur à payer ses dettes ; nous allons examiner dans quels cas elle était accordée aux créanciers.

Les auteurs romains nous citent sept cas où avait lieu cette *missio in possessionem*, ce sont les suivants :

1° Lorsque le débiteur, *judicatus* ou *confessus*, refusait de s'exécuter dans le délai de la loi ;

2° Lorsqu'il s'était caché pour frustrer son créancier ;

3° Lorsqu'il faisait la cession de biens ;

4° Lorsque, absent, il n'avait pas été défendu ;

5° Lorsqu'en mourant il ne laissait aucun héritier connu ;

6° Lorsqu'il avait été exilé ;

7° Enfin, lorsque la personne qui l'avait reçu en adrogation refusait de se laisser poursuivre par les créanciers.

C'est Gaius qui nous indique les cinq premiers cas : *Bona autem veneunt aut vivorum aut mortuorum. Vivorum, velut eorum qui fraudationis causa latitant, nec absentes defenduntur ; item eorum qui ex lege Julia bonis cedunt ; item judicatorum post tempus quod eis, partim lege XII Tabularum, partim edicto prætoris, ad expediendam pecuniam tribuitur. Mortuorum bona veneunt, velut eorum quibus certum est neque heredes, neque bonorum possessores, neque ullum alium justum successorem existere (Com. III, § 78)* ; c'est lui aussi qui, dans le § 84, très incomplet, il est vrai, mais dont le sens est suffisamment clair, nous indique le dernier cas. C'est enfin Cicéron qui nous a permis de connaître l'avant-dernier : ...... *ne is quidem, cui exsilii causa solum verterit* (*Pro Quinctio,* chap. XIX).

Nous allons dire un mot de chacun des cas donnant lieu à la *missio in possessionem :*

I. — Il est probable que c'est pour le cas d'une *condemnatio* ou d'une *confessio in jure* que le préteur créa la *bonorum venditio,* que la décision ait été, d'ailleurs, un *decretum* ou une *sententia.* Après cet acte de procédure, l'exécution ne pouvait avoir lieu qu'après un délai de trente jours, conformément à la loi des XII Tables, délai qui, plus tard de deux mois, fut porté à quatre par Justinien : *Eos qui condemnati solutionem pecuniarum, quas dependere jussi sunt, ultra quatuor menses a die condemnationis, vel, si provocatio fuerit porrecta, a die confirmationis sententiæ connumerandos distulerint, centesimas usuras exigi præcipimus,* etc. (L. II, C. *De Usuris rei judicatæ,* VII, 54). Nous croyons n'avoir pas besoin de nous étendre davantage sur ce cas d'envoi en possession; était-il fort usité? Nous avons bien peu de renseignements à cet égard dans les textes; mais nous croyons pouvoir dire que la cession de biens l'empêchait le plus souvent.

II. — Quoique le préteur ait toujours soigneusement distingué dans ce cas si le débiteur s'était caché avant toute poursuite ou après avoir comparu devant le magistrat, nous nous croyons autorisé à ne faire aucune distinction entre les deux hypothèses, au point de vue de la *missio in possessionem*, par la lecture du texte suivant, qui émane d'Ulpien : *Non defendere videtur, non tantum qui latitat, sed et is qui præsens negat se defendere, aut non vult suscipere actionem* (L. 52, *De Regulis juris*, Dig. L, 17); ce jurisconsulte donne lui-même l'explication du mot *latitare : Quid sit autem latitare videamus. Latitare est non, ut Cicero definit, turpis occultatio sui; potest enim quis latitare non turpi de causa, veluti qui tyranni crudelitatem timet, aut vim hostium, aut domesticas seditiones. Sed is, qui fraudationis causa latitet, non tamen propter creditores, etsi hæc latitatio creditores fraudet, in ea tamen erit causa, ne hinc possidere bona ejus possint, quia non hoc animo latitet, ut fraudentur creditores, animus enim latitantis quæritur, quo animo latitet, ut fraudet creditores, an alia ex causa* (L. 2, *Dig. quibus ex causis*, XLII, 4). Il est donc certain que la volonté de frauder était ici éminemment nécessaire.

III. — La cession de biens, très probablement instituée par une loi *Julia judiciaria*, que l'on pense devoir attribuer au règne d'Auguste, était un moyen accordé au débiteur d'échapper à la contrainte par corps et à l'infamie, en abandonnant la totalité de ses biens à la masse de ses créanciers. Elle pouvait se faire soit devant le juge, soit devant le magistrat, soit même extra-judiciairement, comme nous l'enseigne Marcien : *Bonis cedi non tantum in jure, sed etiam extra jus potest; et sufficit, et per nuntium vel per epistolam id declarari* (L. 9, *Dig. de Cessione bonorum*, XLII, 3). Les créanciers, envoyés par le préteur en possession des biens du cédant, les faisaient vendre publiquement et s'en partageaient le prix; mais il ne faudrait pas croire que le débiteur fût ainsi libéré, au cas où son actif n'atteignait pas son passif; il restait tenu vis-à-vis de ses créanciers, qui s'emparaient des biens d'une certaine importance qui pouvaient lui advenir; seulement il échappait à l'infamie, et, jouissant du bénéfice de compétence, il ne pouvait être condamné que jusqu'à concurrence de ses facultés (*id quod facere potest*). Notons que le débiteur avait encore à sa disposition l'exception *nisi bonis cesserit*.

Une question vivement discutée entre les commentateurs du droit romain est celle de savoir si la cession de biens était permise à tous les débiteurs sans exception, ou seulement aux débiteurs malheureux et de bonne foi; sans nous étendre sur cette question, nous dirons seulement que la seconde hypothèse nous paraît la plus probable, étant donné ce texte de Paul : « *Si quis dolo fecerit ut bona ejus venirent, in solidum tenetur* (L. 51, *pr. Dig. de re judicata*, XLII, 1). Les textes manquent beaucoup sur cette importante mesure de la cession de biens; toutefois, nous voyons au Code de Justinien que les créanciers pouvaient choisir entre accepter la cession ou accorder au débiteur un délai de cinq années.

IV. — Nous avons examiné plus haut le cas où le débiteur ne s'était pas présenté, dans le dessein frauduleux de nuire à ses créanciers; il nous reste à voir un cas presque semblable, celui où le débiteur était absent et où personne ne se présentait pour le défendre en justice. Nous y assimilerons facilement l'incapable, au moins quant à l'envoi en possession; la vente des biens, en effet, avait lieu d'une façon distincte vis-à-vis de l'un et de l'autre ; c'est ce qui résulte d'un texte qui exige seulement que le débiteur ait été *indefensus :* *Hæc autem restitutio locum habet, sive per se, sive per subjectas sibi personas usu acquisierunt, qui absentes non defendebantur ; et ita nemo eorum erat defensor. Nam si fuit procurator, quum habueris, quem convenias, non debet inquietari. Ceterum si non existebat defensor, æquissimum erat subveniri ; eo potius, quod eorum qui non defenduntur, si quidem latitent, prætor ex edicto, pollicetur in bona eorum mittere, ut, si res exegerit, etiam distrahantur ; si vero non latitent, licet non defendantur, in bona tantum mitti* (L. XXI, § 2, *Dig. ex quibus causis*, IV, 6).

V. — Ce cas formait bien une catégorie à part, opposée à toutes les autres, comme nous l'avons vu dans le passage précité de Gaius ; il y avait lieu à envoi en possession lorsqu'une succession était ouverte et que personne ne faisait adition, lorsque les héritiers siens avaient usé du bénéfice d'abstention ou lorsque l'héritier acceptant était suspect et avait refusé de fournir la caution exigée, en un mot, quand le débiteur décédé ne laissait pas d'héritier connu.

VI. — Nous avons également fort peu de choses à dire du cas où le débiteur a quitté son domicile par suite d'une sentence d'exil. Cicéron seul a énoncé cette cause de *missio in possessionem ;* mais cela suffit pour nous faire penser qu'elle différait de toutes les autres causes d'absence en ce que l'envoi en possession avait ici lieu dans tous les cas, sans qu'il fût besoin que l'absent pour cause d'exil ne soit défendu par personne ; sans cette différence, en effet, il n'y aurait pas eu lieu de parler spécialement de cette absence forcée. Admettant ce point de départ, nous ne croyons pas avoir besoin de faire ressortir davantage les nuances qui séparent ce cas des précédents.

VII. — Enfin, la *missio in possessionem* pouvait avoir lieu au bénéfice des créanciers d'un adrogé. On sait que, lorsqu'un débiteur s'était donné en adrogation, ses dettes étaient éteintes, par suite de ce qu'il était personnellement libéré par la *capitis deminutio* dont il avait été frappé et de ce que l'adrogeant, qui acquérait tout l'actif de l'adrogé, ne pouvait se trouver obligé par une personne étant sous sa puissance. Aussi, devant l'iniquité de ce résultat, le préteur accordait-il aux créanciers une action utile, *rescissa capitis deminutione*, contre l'adrogé, et même contre l'adrogeant. A défaut de défense, il envoyait les créanciers en possession des biens qui, sans l'adrogation, auraient appartenu au débiteur.

Tels étaient les divers cas de la *missio in possessionem*; il nous restera à voir comment elle s'obtenait, sur quels biens elle avait lieu et comment elle s'éteignait.

CHAPITRE II

C'était par un décret du préteur que la *missio
in posessionem* était accordée aux créanciers :
Siquidem, dit Gaius (*Com. III*, § 79), *vivi bona
veneant, jubeat ea Prætor per dies continuos tri-
ginta possideri et proscribi : si vero mortui, post
dies quindecim*; dans les provinces, c'était le
præses.

De ce que cet envoi en possession était accordé
aux créanciers, il ne faudrait pas croire que tous
les créanciers dussent se réunir et porter d'un
commun accord leur demande devant le magistrat; il suffisait, en effet, de la demande d'un seul
créancier pour que l'envoi en possession des biens
du débiteur fût prononcé en faveur de tous les
créanciers. Quel est ce magistrat? Telle est la
question qui se pose immédiatement, question qui
se trouve facilement résolue par les textes suivants
du Digeste : *Venire bona ibi oportet, ubi quisque*

defendi debet, id est, ubi domicilium habet, aut ubi quisque contraxerit. Contractum autem non utique eo loco intelligitur, quo negotium gestum sit, sed quo solvenda est pecunia (L. I, II, III, *De rebus auctoritate judicis,* XLII, 5); c'était donc le magistrat du domicile du défendeur, qui était ici compétent, ou encore celui du lieu du contrat, du lieu où l'obligation a été contractée, suivant les principes généraux.

La seule question véritablement importante qui se présente ici, est celle de savoir ce qui se produisait lorsque le débiteur insolvable, dépossédé de ses biens par décret du magistrat de son domicile, avait des biens dans plusieurs autres provinces. L'envoi en possession prononcé par le magistrat avait-il un effet général ou demandait-on au contraire autant d'envois en possession que de provinces où étaient situés les biens? et, au cas où la première hypothèse serait admise, comment exécutait-on sur les biens la sentence unique du magistrat? Telles sont les questions que nous allons avoir à résoudre, les auteurs n'étant aucunement d'accord.

Il importe, avant tout, de voir exactement quelle était la nature de la *missio in possessionem;* c'était une exécution qui portait sur l'ensemble même du patrimoine du débiteur, non pas sur des biens en particulier, mais sur un tout indivisible. Ceci étant posé indiscutablement, la difficulté consiste à interpréter une loi de Paul ainsi conçue : *Is qui possidere jubetur, eo loco jussus videtur, cujus cura ad jubentem pertinet* (L. XII, § 1er, *Dig. de rebus auctoritate judicis*, XLII, 5). Il semble qu'on devrait conclure de ce texte, et ce fut notamment l'avis de Pothier, que, s'il y avait des biens dans diverses provinces, les créanciers devaient s'adresser à chacun des magistrats de ces provinces ; mais, pour ne rien dire de l'économie générale de la matière, la simple raison suffit pour repousser cette explication. En admettant en effet la compétence de plusieurs magistrats, nous serions exposés à trouver des désaccords, les uns prononçant l'envoi en possession et les autres refusant de l'admettre ; certains biens seraient vendus, tandis que d'autres resteraient entre les mains du débiteur, résultat inadmissible, si l'on tient à se conformer aux principes que nous avons exposés et que nous croyons les seuls vrais en droit romain.

Comment alors expliquer le texte de Paul, nous dira-t-on ? A notre avis, il faut faire ici la distinc-

tion que bien des auteurs ont faite en droit international, entre la force de chose jugée et la force
exécutoire à donner aux décisions des tribunaux
étrangers. Nous dirons, en ce sens, que le magistrat du domicile du débiteur était compétent pour
rendre le décret de *missio in possessionem*; mais
celui du territoire de la situation des biens devait
rendre ce décret exécutoire pour lui donner une
force permettant de l'appliquer dans cette province. Ce sens, qui peut facilement être donné
à la loi qui nous occupe, est le seul qui, à notre
avis, puisse être adopté si l'on ne veut aboutir
à des conséquences entièrement opposées à tous
les textes et à l'esprit dont était animé le législateur romain en cette matière.

Il nous reste à dire si c'était à l'audience ou sur
simple requête que le magistrat prononçait la
missio in possessionem en faveur des créanciers;
en d'autres termes, s'il y avait, ou non, *causæ
cognitio*. La question ne pouvait se poser dans le
cas d'exécution d'une sentence, si le débiteur la
contestait, parce qu'alors il y avait toujours *causæ
cognitio*; le préteur, donnant au créancier l'action
judicati, devait forcément le renvoyer devant le
juge; on devait aussi, croyons-nous, exiger la

preuve de la créance, si la *missio in possessionem*
était demandée contre un incapable *indefensus* ou
contre une succession vacante. La question ne se
présentait que dans le cas d'absence de la défense,
où une distinction était nécessaire ; si les créanciers prétendaient que le débiteur s'était dissimulé
par fraude (*latitabat*), on exigeait la *causæ
cognitio*, suivant une Constitution de Dioclétien et
de Maximien (L. IX, *C. de bonis auctoritate
judicis possidendis*, VII, 72) : ...... *nam si ad cir-
cumscriptionem tui juris latitat, nec defendatur,
et eum tuum esse debitorem constat, ad exemplum
edicti bonorum ejus possessionem poteris impe-
tiore, etc.* ; dans tous les autres cas, le préteur
pouvait *de plano* accorder ou refuser aux créanciers la *missio in possessionem,* selon que le débiteur faisait défaut ou que le créancier n'avait évidemment aucun·droit ; c'est ce qui résulte de ce
passage : ..... *si ob falsum creditum, vel ob falsam
petitionem missus est in possessionem, vel si excep-
tione summoveri potuit, nihil ei debet prodesse hoc
edictum, quia propter nullam causam in possessionem missus est* (L. I, § 5, *Dig. ne vis fiat ei*
XLIII, 4).

CHAPITRE III

SUR QUELS BIENS AVAIT LIEU LA MISSIO IN POSSESSIONEM.

Nous avons dit que la *missio in possessionem* était une exécution portant sur l'ensemble du patrimoine et non pas sur tel ou tel bien du débiteur ; nous en trouvons, en effet, la preuve dans un passage du plaidoyer de Cicéron *pro Quinctio* (chap. XXIX) : *Bonorum possessio spectatur non in aliqua parte, sed in universis quæ teneri ac possideri possunt ;* il importe d'ajouter que cet envoi en possession était si bien universel qu'il pouvait même être prononcé sans que le débiteur possédât des biens, pour le cas où il lui en adviendrait plus tard. Cette universalité de la *missio in possessionem* n'était pas seulement facultative pour le créancier qui la demandait ; elle était absolument obligatoire pour que la vente du patrimoine du débiteur fût permise (CICÉRON, *pro Quinctio*).

Le principe était donc que l'envoi eu possession était général; mais il y avait à ce principe d'assez nombreuses exceptions dont nous allons dire quelques mots.

1° Quoique les esclaves fussent compris dans l'ensemble du patrimoine, on avait admis une exception en faveur de la concubine et des enfants naturels du débiteur, eu égard à l'affection qu'il devait leur porter : *Bonis vendilis*, dit Paul, *excipiuntur concubina et liberi naturales* (L. XXXVIII, pr. *Dig.* XLII, 5).

2° Il en était de même des statues qui avaient été élevées en l'honneur du débiteur et qui étaient sa propriété personnelle ; cela résulte d'une loi de Paul : *Fufidius refert statuas in publico positas, bonis distractis ejus, cujus in honorem positæ sunt, non esse emptoris bonorum ejus; sed aut publicas, si ornandi municipii causa positæ sint; aut ejus cujus in honorem positæ sint; et nullo modo eas detrahi posse* (L. XXIX, *Dig.* XLII, 5).

3° On lit également dans un passage de Paul, qu'il fallait excepter de la *missio in possessionem* les biens qu'une cause spéciale empêchait de posséder: *Si, propter naturam rei, veluti si prædium inundatum sit, aut propter latronum potentiam non potest possideri, recte dicitur, non esse, quod possideatur* (L. XII, § 2, *Dig.* XLII, 5).

4° Il est indispensable d'ajouter à cette nomenclature le cas où certains biens faisaient partie d'une succession ouverte au profit du débiteur, qui l'avait acceptée, alors que les créanciers du *de cujus* avaient réclamé le bénéfice de la séparation des patrimoines.

Ces différents cas n'ont jamais soulevé aucune discussion ; mais il est une question qui se présente maintenant à nous et qui, au contraire, a été vivement controversée ; c'est celle de savoir si le fonds dotal, inaliénable en principe, pouvait être occupé par les créanciers et vendu à leur profit, à raison de dettes contractées par le mari.

Cette règle de l'inaliénabilité du fonds dotal avait été, suivant Gaius, instituée par une loi Julia : *Nam dotale prædium maritus invita muliere per legem Juliam prohibetur alienare, quam vis ipsius sit, vel mancipatum ei dotis causa, vel in jure cessum, vel usucaptum* (*Com. II*, § 63) ; ajoutons, en passant, que : *quod quidem jus utrum ad Italica tantum prædia, an etiam ad provincialia pertineat, dubitatur.* On a cru pouvoir partir de là pour soutenir que cette inaliénabilité était absolue et devait même s'étendre au cas qui nous occupe ; nous croyons devoir prendre une décision contraire et nous y sommes porté par les deux raisons qui suivent :

En premier lieu, les aliénations d'un bien dotal n'étaient interdites au mari que s'il les consentait volontairement ; mais il n'en était pas de même de celles auxquelles il se trouvait obligé par certaines circonstances. Nous citerons notamment, avec Paul, un cas qui a bien des rapports avec le sujet que nous traitons : une maison dotale menaçant de détériorer par sa ruine le fonds d'autrui, le voisin demandait au mari devant le préteur de lui fournir la caution *domui infecti ;* sur son refus, le préteur donnait au demandeur une *missio in possessionem* et, au besoin, lui permettait d'acquérir par l'usucapion la propriété quiritaire de la maison dotale ; voici les termes dont se sert notre jurisconsulte : *Interdum lex Julia de fundo dotali cessat, si ob id, quod maritus domui infecti non cavebat, missus sit vicinus in possessionem dotalis prædii, deinde jussus sit possidere ; hic enim dominus vicinus fit, quia hæc alienatio non est voluntaria* (L. I, *pr. Dig. de fundo dotali*, XXIII, 5) ; c'était bien là une véritable aliénation permise au mari, parce qu'il y était obligé par le fait même.

De plus, croyons-nous, au point de vue de la dotalité d'un immeuble, l'inaliénabilité ne s'appliquait nullement à la transmission *per universitatem*, notamment à l'adrogation du mari par un tiers, ce qui résulte du § 1er de la même loi : *Sed et per universitatem transit prædium, secundum quod possibile est, ad alterum, veluti ad heredem mariti, cum suo tamen jure, ut alienari non possit.* On doit conclure des derniers mots de ce texte que le bien dotal, transmis *per universitatem*, ne changeait aucunement de nature entre les mains de l'acquéreur, puisqu'il ne pouvait être aliéné et que ses revenus devaient être employés au même usage qu'avant la transmission.

Concluons donc des documents qui précèdent qu'il était permis aux créanciers du mari de se faire envoyer en possession des biens dotaux, puisque cela avait lieu sans le consentement de celui-ci et parce que la *venditio bonorum*, qui devait suivre la *missio in possessionem*, était une aliénation à titre universel; il n'y avait donc pas là matière à une cinquième exception au principe général.

CHAPITRE IV

DES EFFETS DE LA MISSIO IN POSSESSIONEM.

Les principaux effets de l'envoi en possession
étaient :

1° Certains avantages qu'en tiraient les créanciers;

2° Le droit pour eux d'administrer les biens de
leur débiteur;

3° Certains droits qui leur étaient donnés, quant
aux titres du débiteur.

Le droit d'administration est si important en
cette matière que nous croyons devoir en faire un
chapitre à part; nous ne traiterons donc ici que
des deux autres effets, c'est-à-dire des droits des
créanciers sur les biens et sur les titres du
débiteur.

SECTION Ire

AVANTAGES DE LA MISSIO IN POSSESSIONEM POUR LES CRÉANCIERS.

Il nous faut d'abord étudier le caractère de la
possession que le magistrat donnait aux créan-

ciers ; ce n'était certainement pas une *possessio civilis*, parce que celle-ci aurait conduit à l'usucapion, et il était de principe absolu, puisque la vente était nécessaire, qu'ils ne pouvaient pas arriver à la propriété quiritaire. Ce n'était pas non plus une possession proprement dite, une *possessio ad interdicta*; ils n'avaient pas, en effet, droit aux interdits possessoires : *Creditores missos in possessionem*, dit Ulpien, *rei servandæ causa interdicto* uti possidetis *uti non posse; et merito, quia non possident* (L. III, § 8, *Dig.* uti possidetis, XLIII, 17).

Si ces créanciers n'étaient pas des possesseurs proprement dits, que pouvaient-ils donc être? Ce n'étaient que de simples détenteurs, possédant pour autrui; ils avaient seulement la garde et la détention des biens du débiteur « plutôt, dit Pothier, pour l'empêcher d'en jouir que pour en jouir eux-mêmes. » Remarquons qu'il ne suffisait pas, pour cela, de la sentence de *missio in possessionem*, mais que la possession devait être effective pour que le droit de gage fût constitué : *Sciendum est, ubi jussu magistratus pignus constituitur, non alias constitui, nisi ventum fuerit in possessionem* (L. XXVI, §1, *Dig. de pignoratitia actione*, XIII, 7).

Cette sorte de droit de gage était garantie aux créanciers envoyés en possession par l'exercice de l'interdit : *ne vis fiat ei qui in possessionem missus erit*, qui, donné par le préteur, leur permettait de repousser ceux qui les auraient empêchés, soit de prendre possession, soit de la conserver.

Remarquons que le même droit était accordé aux créanciers, alors qu'il ne s'agissait que de choses incorporées, comme nous le dit un texte précité de Gaius (L. XIII, *Dig.* XLII, 5).

Nous avons ainsi déterminé le caractère du droit des créanciers sur le patrimoine de leur débiteur ; il nous reste à voir quels en étaient les avantages : c'étaient ceux qui résultent ordinairement du droit de gage, c'est-à-dire principalement le droit de suite et le droit de préférence ; nous allons dire un mot de chacun.

1° La seule condition exigée pour que les créanciers eussent le droit de suite, était qu'ils eussent eu la possession ; dans ce cas, s'ils perdaient la possession des objets qu'ils avaient une fois détenus, ils pouvaient les recouvrer sans aucune difficulté par une action hypothécaire contre les tiers détenteurs ; c'est ce que nous dit une Constitution de l'Empereur Julien : *Et quum invenimus, in conventionalibus pignoribus vel hypothecis non solum tenentem creditorem adjuvari, sed etiam si ab ea possessione cadat, sive sua culpa, sive non, sive fortuito casu, humanius esse perspeximus, et in prætorio pignore dare recuperationem creditori, quocumque modo possessionem amittat, sive culpa sua, sive non, sive fortuito casu (Const. II, Code, de prætorio pignoris, VIII, 22).*

2° Il semble, à première vue, que le droit de préférence n'existait pas dans la *missio in possessionem*, puisque nous avons vu qu'elle profitait à tous les créanciers, même lorsqu'elle n'avait été demandée que par l'un d'eux; tous, nous l'avons dit, pouvaient réclamer la vente en masse du patrimoine et s'en partager les produits; comment peut-on dire qu'un droit de préférence existait ici en faveur de certains créanciers, ce qui est cependant certain s'ils avaient un droit de gage? Ce n'est pas vis-à-vis de ses co-créanciers que le créancier avait ce droit de préférence; ils avaient tous un droit égal : *Quum unus ex creditoribus postulat in bona debitoris se mitti,* dit Paul, *quæritur, utrum solus is, qui petit, et prætor permisit, omnibus creditoribus aditus sit. Et commodius dicitur, quum prætor permiserit, non tam personæ solius potentis, quam credito-*

*ribus, et in rem permissum videri; quod et Labeo
putat.* (L. XII, *Dig.* XLII, 5); ce n'était qu'à ceux qui
n'avaient pas eu la réalité de la possession que les
autres créanciers se trouvaient préférés ; c'est là
la règle même qui domine toute la matière ; nous
l'appliquons seule, ne voulant ni rejeter absolument le droit de préférence, ni adopter la distinction qu'on a essayé de faire entre les créanciers
antérieurs et postérieurs à l'envoi en possession.

Nous croyons devoir ajouter ici quelques mots
sur l'effet de la *missio in possessionem* à l'égard
du débiteur. Tout d'abord, comme effet principal,
il était dessaisi de tout son patrimoine, non pas
quant à la propriété, nous l'avons dit, mais quant
à l'administration et à la jouissance. Il importe de
noter que, par un privilège tout à fait louable, les
incapables, qui n'avaient pas été défendus, conser-
vaient un droit à certains aliments. Le débiteur
dessaisi était de plus atteint d'une sorte de déconsidé-
ration, qui est constatée par Gaius : *Quorum satis-
dationum (judicatum solvi) duplex causa est: nam
aut propter genus actionis satisdatur, aut propter
personam, quia suspecta sit: .....propter personam,
velut si cum eo agitur, qui decoxerit, cujusve bona creditoribus possessa proscriptave sunt..(Com.IV, §102).*

Malgré ce dessaisissement et cette déconsidéra-
tion du débiteur, il ne faudrait pas croire que les
actes passés par lui après la *missio in possessionem* fussent radicalement nuls ; ils étaient, au
contraire, valables en eux-mêmes ; mais on reconnaissait aux créanciers le droit de les faire toujours révoquer, grâce à l'action Paulienne : *Sciendum, Julianum scribere, eoque jure nos uti, ut,
qui debitam pecuniam recepit, antequam bona
debitoris possideantur, quamvis sciens prudensque
solvendo non esse recipiat, non timere hoc edictum; sibi enim vigilavit ; qui vero post bona possessa debitum suum recepit, hunc in portionem
vocandum, exæquandumque ceteris creditoribus ;
neque enim debuit præripere ceteris post bona
possessa, quum jam par conditio omnium creditorum facta esset* (L. VI, § 7, *Dig. quæ in fraudem
creditorum*, XLII, 8).

SECTION II.

DROITS DES CRÉANCIERS SUR LES TITRES DU DÉBITEUR.

On reconnaissait encore aux créanciers le droit
d'examiner les titres de leur débiteur; ils pou-

vaient s'en servir et en tirer tels arguments qu'il leur importait, pour discuter les charges qui en résultaient ; cela découle d'un texte d'Ulpien ainsi conçu : *Cognoscere instrumenta est, relegere et recognoscere, dispungere est, conferre accepta et data* (L. LVI, *pr. Dig. de verborum significatione. L. XVI*). Il leur était permis de prendre des notes en se livrant à cet examen, mais ils ne pouvaient que tout à fait exceptionnellement copier quelques documents ; ils pouvaient ainsi inventorier en quelque sorte les biens en possession desquels ils avaient été envoyés et qu'ils avaient la charge d'administrer jusqu'à la *venditio*. ·

Une seule question était controversée à ce sujet par les jurisconsultes romains, celle de savoir combien de fois les créanciers avaient droit à la communication des titres du débiteur ; les uns, comme Labéon et à sa suite Ulpien, ne leur accordaient qu'une seule communication, restreignant ainsi beaucoup leurs droits : *Utrum semel, an etiam sæpius recognitio, dispunctio concedenda sit creditoribus, videamus. Et ait Labeo, amplius, quam semel non esse concedendam ; si quis tamen, inquit, juraverit, non calumniæ causa se postulare, neque habere, quæ dispunxerit, iterum ei*

faciendam potestatem ait, nec amplius quam bis
(L. XV, §1, *De rebus auctoritate judicis*, XLII, 5) ;
les autres, au contraire, comme Paul, rejetaient
bien loin toute restriction à ce droit des créanciers : c'est ce que constate un autre texte
d'Ulpien : *Quod ita accipitur, quoties opus erit;
nam potest fieri, ut bis editam sibi rationem qui
perdiderit, ut verbum iterum pro sæpius accipiatur*
(L. VII, *in fine, Dig. de edendo*, II, 13) ; ce mot
iterum avait, en effet, deux significations indiquées
par les mots grecs *deuteron* et *palin*.

CHAPITRE V

DE L'ADMINISTRATION DES BIENS.

Nous avons dit que la *missio in possessionem* dessaisissait le débiteur de l'administration de ses biens; celle-ci, qui appartenait de droit aux créanciers envoyés en possession, était le plus souvent remise par eux entre les mains d'un curateur, qui les représentait; de là deux sortes d'administration, que nous devons étudier séparément.

SECTION Iʳᵉ.

DE L'ADMINISTRATION PAR LES CRÉANCIERS.

Les créanciers, nous l'avons vu, pouvaient administrer eux-mêmes le patrimoine dont leur débiteur était dessaisi; on leur demandait compte, dans ce cas, des fruits qu'ils avaient récoltés et de tout ce que leur gestion leur avait permis de percevoir; on leur demandait aussi compte de leur dol, auquel il fallait indiscutablement assimiler la faute lourde; en revanche, ils avaient droit au remboursement des dépenses faites de bonne foi pendant la gestion, alors même qu'elles n'auraient produit aucune amélioration des biens.

Cette administration des créanciers est fort bien analysée dans un texte d'Ulpien, que nous ne pouvons nous dispenser de citer, malgré sa longueur : *In venditione bonorum etiam usus fructus veniat, quia appellatione domini fructuarius quoque continetur. — § 1. Si quis fructus ex prædio debitoris capi poterit, hunc creditor, qui in possessionem prædii missus est, vendere vel locare debet. Sed hoc ita demum, si ante neque venierit, neque locatus erit; nam si jam a debitore vel locatus erat, vel venierat, servabit prætor venditionem et locationem a debitore factam, et si minoris distractum est, vel locatum, nisi si in fraudem creditorum hoc fiat; tunc enim prætor arbitrium dat creditoribus, ut ex integro locationem vel venditionem faciant. — § 2. De ceterarum quoque rerum fructibus idem erit dicendum, ut, si qui locari possint, locentur, puta mercedes servorum vel jumentorum ceterorumque, quæ possunt locari.*

— § 3. *De tempore localionis nihil prælor loculus est; et ideo liberum arbitrium creditoribus datum videtur, quar.to tempore locent, quemadmodum illud est in arbitrio eorum, vendant, vel locent, scilicet sine dolo malo; ex culpa autem rei non fiunt.* — § 4. *Si unus sit, qui possideat bona, expeditum erit de localione; quod si non unus, sed plures sint, quis eorum debeat locare vel vendere, quæritur. Et si quidem convenit inter eos, expedilissimum est; nam et omnes possunt locare, et uni hoc negolium dare; si vero non convenit, tunc dicendum est, prælorem causa cognila eligere debere, qui locet vel vendat* (**L. VIII,** *Dig.* **de rebus auctorilale judicis, XLII, 5**).

Nous croyons n'avoir rien à ajouter à cet exposé si clair de l'administration des créanciers ; nous dirons seulement que, suivant nous, cette administration devait avoir lieu assez rarement, la nomination d'un curateur simplifiant beaucoup les choses ; cela résulte d'une autre loi du même litre : *Quum plures creditores in possessionem rerum debiloris millantur, ne corrumpantur raliones, uni hoc negolium a creditoribus esse dandum, quem major pars credilorum elegerit.* Nous trouvons là l'indication précise de l'administration par un curateur, dont nous allons immédiatement nous occuper.

SECTION II.

DE L'ADMINISTRATION PAR UN CURATEUR.

Nous avons vu que, si les créanciers ne voulaient pas conserver l'administration des biens du débiteur, ils nommaient un délégué, qu'on appelait *curator;* ce délégué pouvait n'être qu'un d'entre eux, mais il pouvait aussi être un étranger ; la nomination de ce curateur dépendait donc des créanciers seuls, et non pas du magistrat, qui ne faisait que la confirmer. Nous en trouvons la preuve dans les deux textes suivants d'Ulpien : *De curatore constituendo, hoc jure utimur, ut prætor adeatur, isque curatorem, curatoresque constituat ex consensu majoris partis creditorum, vel præses provinciæ, si bona distrahenda in provincia sunt. — Nec omnimodo creditorem esse oportet eum, qui curator constituitur; sed possunt et non creditores* (L. XI, pr. et § 4, *Dig. de Curatore bonis dando,* XLII, 7).

En quoi consistaient les fonctions de ce curateur? Il devait faire tous les actes conservatoires
et de pure administration, payer les dettes productives d'intérêts ou dont le non-paiement ferait
encourir une clause pénale, exercer et subir
comme utiles les actions du débiteur, enfin être
responsable de son dol ou de sa faute lourde; ses
obligations, qui ne passaient jamais à ses héritiers,
cessaient encore par la satisfaction complète donnée aux créanciers ou par la procédure de la
bonorum venditio. Il y avait donc là un véritable
MANDAT, donné au curateur par les créanciers;
dans les limites de ce mandat, il les obligeait tous,
si sa nomination avait été confirmée par le préteur; les conséquences en étaient que les créanciers avaient contre lui les actions *mandati* ou
negotiorum gestorum, selon qu'ils avaient, ou non,
pris part à sa nomination; en cas de non-confir-
mation, toutefois, les créanciers qui n'avaient pas
concouru à l'élection, n'avaient aucun droit contre
le curateur, mais ils pouvaient agir contre les
créanciers électeurs par une action *negotiorum
gestorum,* ou par une action *in factum,* suivant
que ceux-ci savaient, ou non, l'existence de leurs
créances.

Une question s'est élevée sur ce sujet : ce *curator,* dont nous venons de nous occuper, n'était-il autre que le *magister,* dont parle Gaius dans les termes suivants : « *Postea jubet convenire creditores, et ex eo numero* magistrum *creari, id est, eum per quem bona veneant* »? Quelques commentateurs ont voulu voir là une seule et même personne, soutenant que le mot *magister* avait été substitué au mot *curator* par les commissaires de Justinien ; nous ne partageons pas leur avis ; nous croyons au contraire qu'il y avait là deux positions différentes : le *magister* étant spécialement chargé de la vente des biens, tandis que le *curator* avait la mission de les administrer pendant la période qui s'écoulait entre la *missio in possessionem* et la *venditio bonorum.* Pendant cet intervalle, en effet, nous savons que des actes d'administration pouvaient être d'une nécessité absolue et nous croyons certain que le *magister* n'était pas nommé lors de l'envoi en possession.

CHAPITRE VI.

EXTINCTION DE LA MISSIO IN POSSESSIONEM.

———

Gaius nous a appris que l'intervalle qui séparait l'envoi en possession de la vente des biens du débiteur était de trente ou de quinze jours, selon que le débiteur était vivant ou décédé; c'était la vente, évidemment, qui était le mode le plus fréquent d'extinction de la *missio in possessionem*; mais ce n'était certainement pas le seul et, avant d'étudier à fond la *venditio bonorum*, il nous semble indispensable de dire un mot des autres modes d'extinction de l'envoi en possession.

Nous n'avons rien à dire de la renonciation volontaire des créanciers; il va de soi qu'elle suffisait amplement à éteindre la *missio in possessionem*.

Celle-ci pouvait également cesser, si le débiteur, en accomplissant certains actes, parvenait à reprendre la libre possession de ses biens ; nous allons examiner ce qu'il avait à faire pour cela et il nous sera nécessaire, dans ce but, de reprendre brièvement les divers cas de *missio in possessionem* que nous avons cités au début de ce travail.

Si la *missio in possessionem* avait pour raison un jugement ou un aveu fait en justice, si elle était déterminée par une cession de biens faite par le débiteur ou encore si elle avait été encourue par suite de la *latitatio* du débiteur ou de son refus de se défendre, le débiteur n'avait qu'un moyen : payer ses créanciers et les satisfaire complètement ; en cas de refus de sa part, il y avait toujours lieu à la vente. Il est bon de noter ici avec Ulpien que, seuls, les créanciers qui avaient souffert de la *latitatio*, avaient le droit de profiter de la vente (L. VII, § 7, *Dig.* XLII, 4).

S'il n'y avait aucune fraude dans l'absence du débiteur, on ne pouvait vendre, jusqu'à ce qu'il fût de retour ; mais, alors, s'il voulait se défendre, était-il obligé de fournir une caution ? Nous pensons qu'il y avait lieu de distinguer entre le cas du pupille *indefensus,* arrivé à sa puberté, et tous les autres ; nous y sommes naturellement porté par la lecture des deux textes suivants : ʀᴇᴄᴛᴇ ᴅᴇғᴇɴᴅɪ *quid sit, videamus . . . . hoc est, vel a se, vel ab alio quocumque ; sed si alius defendat, erit necessaria satisdatio, si ipse, non puto necessariam satisdationem ; ergo, oblata defensione dejici poterit interdicto reddito* (L. V, § 3, *Dig. quibus ex causis,* XLII, 4). — *Defendere debitorem, sicut antequam bona ejus possiderentur, licet ; ita post bonorum quoque possessionem ejus, sive ipse sui, sive alius defensionem ejus suscipiat, debet satisdare, ut satisdatione interposita judicium accipiatur, et a possessione discedatur* (L. XXXIII, § 1, *Dig. de rebus auctoritate judicis,* XLII, 5).

Enfin, en cas de *missio in possessionem* prononcée pour cause d'adrogation, il pouvait encore y avoir extinction par le paiement ou la vente ; s'il s'agissait d'une hérédité vacante ou acceptée par un héritier suspect, la vente seule était le mode d'extinction de la *missio in possessionem.*

Nous avons ainsi terminé l'étude de la *missio in possessionem,* la première partie de la procédure de la vente des biens ; nous allons maintenant arriver à l'examen de la *vendilio bonorum* proprement dite, c'est-à-dire à la seconde partie de la procédure de la saisie des biens d'un débiteur.

———————

DEUXIÈME PARTIE

VENDITIO BONORUM

CHAPITRE Ier

DIFFÉRENTS CAS DE LA BONORUM VENDITIO.

Nous avons dit déjà que la *venditio bonorum* était la suite et la fin naturelle de la *missio in possessionem* ou, du moins, qu'elle ne pouvait jamais avoir lieu sans cet envoi en possession, qui offrait un double avantage au créancier et au débiteur; pour les premiers, il leur permettait d'empêcher que le patrimoine du débiteur, gage commun de leurs créances, ne perdît de sa valeur; pour le second, il lui rendait plus facile de trouver de l'argent pour payer ses dettes, en lui accordant un délai de trente jours.

Nous avons exposé les différents cas de la

missio in possessionem; nous avons dit qu'elle avait lieu :

1° Lorsque le débiteur, *judicatus* ou *confessus in jure,* refusait de s'exécuter;

2° Lorsqu'il avait recours à la *latitatio* pour frustrer ses créanciers;

3° Lorsqu'il faisait la cession de ses biens;

4° Lorsqu'il ne laissait, après sa mort, aucun héritier connu ou que son héritier, quoique suspect, ne voulait pas donner caution;

5° Lorsqu'il avait été victime d'une sentence d'exil;

6° Lorsqu'il avait été adrogé;

7° Lorsque, absent sans fraude, il n'était pas défendu.

Nous n'avons rien de plus à dire des six premiers cas, où la *venditio bonorum* était toujours possible; il nous suffira de renvoyer aux explications que nous avons données dans le chapitre Ier de notre première partie.

Mais nous devons dire quelques mots du septième cas de *missio in possessionem,* à la suite duquel il était quelquefois impossible de procéder à la vente.

C'est ici qu'il importe de distinguer soigneusement le débiteur qui est absent sans aucun dol, de celui qui *latitat* pour échapper à ses créanciers, ce qui est de peu d'intérêt, nous l'avons dit, si l'on s'occupe de l'envoi en possession.

Il faut encore faire une sous-distinction entre les débiteurs absents sans *latitatio*, suivant qu'ils avaient ou non promis de comparaître devant le magistrat; dans le premier cas, la *venditio* était possible, leur manque de parole devant, en bonne justice, tourner à leur préjudice; dans le second cas, au contraire, le magistrat prononçait seulement la *missio in possessionem* et la vente n'avait jamais lieu, à la condition toutefois que le débiteur fût de bonne foi et qu'aucun dommage ne dût par le fait être causé aux créanciers, exception dans laquelle il était possible de procéder à la *venditio*. Le débiteur était à l'abri de la vente, jusqu'à son retour, notamment s'il avait été fait prisonnier par l'ennemi ou chargé d'un service public qui le forçât à l'absence.

Cette question de l'absence avait bien moins d'importance à l'égard du pupille qui se trouvait, en effet, *indefensus*, par cela seul que personne ne se présentait pour plaider en son nom, à raison de son incapacité elle-même.

Il faut ici faire une distinction entre les dettes
nées dans la personne du pupille *indefensus,* pour
lesquelles le magistrat envoyait les créanciers en
possession de ses biens, sans permettre la *ven-
d'tio,* et entre les dettes affectant une succession
échue à ce pupille, pour lesquelles la vente était
permise, grâce au bénéfice de la séparation du
patrimoine ; cette décision est fort bien indiquée
dans une loi de Paul : *Si non expedierit pupillo
hereditatem parentis retinere, prætor bona defuncti
venire permittit, ut, quod superaverit, pupillo res-
tituatur* (L. VI, pr. *Dig. de rebus auctoritate
judicis,* XLII, 5).

Il n'en était pas absolument de même, pour le
mineur de vingt-cinq ans, pour le fou, pour tout
individu, enfin, qui devait se trouver en curatelle ;
nous en trouvons la preuve dans les deux textes
suivants, que nous devons à Ulpien : *Si minor
vigintiquinque annis, qui habet curatores, a curatoribus non defendatur, nec alium defensorem
inveniat, bonorum venditionem patitur, etsi non
latitet, licet non fraudationis causa latitare videtur,
qui sui non est idoneus defensor* (L. V, *Dig. de
rebus auctoritate judicis,* XLII, 5). — *Idemque et
in prodigo dicendum est, ceterisque, qui curato-*

rum ope juvantur; *nec enim quisquam proprie latitare eos dixerit* (L. VII, § 12, *Dig. quibus ex causis*, XLII, 4). Nous pensons pouvoir affirmer que ces textes n'exigeaient pas la vente des biens dans ce cas, mais la permettaient dans certaines circonstances, bien qu'il n'y eût pas *latitatio* frauduleuse ; cela nous semble résulter de cette loi d'Ulpien : *Plane interdum bona ejus, causa cognita vendenda erunt, si urgeat æs alienum, et dilatio damnum sit allatura creditoris; ita autem vendenda, ut, quod supersit, furioso detur, quia hominis ejus status, et habitus a pupilli conditione non multum abhorret; quod quidem non est sine ratione* (L. VII, § 11, *idem*).

Telles sont les quelques idées que nous avions seulement à exposer, après les explications que nous avions déjà données à ce sujet, lors de notre étude de la *missio in possessionem*.

———

CHAPITRE II.

FORMES DE LA VENDITIO BONORUM.

Gaius nous a enseigné que le temps qui s'écoulait entre la *missio in possessionem* et la *venditio bonorum* était de trente ou de quinze jours, suivant qu'il s'agissait des biens d'un débiteur vivant ou mort ; nous en avons montré l'utilité pour le débiteur vivant. Quant à la succession d'un mort, le délai permettait aux héritiers d'éviter l'infamie à la mémoire du *de cujus*, en payant intégralement ses dettes. La différence même des intérêts dans les deux cas explique suffisamment la différence des délais ; c'est ce que nous dit Gaius : *Quare autem tardius viventium bonorum venditio compleri jubetur, illa ratio est, quia 'e vivis curandum erat, ne facile bonorum venditiones paterentur* (Com. III, § 70, in fine).

Après l'expiration de ce délai de trente ou de quinze jours, les créanciers devaient de nouveau

s'adresser au magistrat, pour obtenir de lui l'autorisation spéciale de procéder à la nomination d'un
magister, sorte de syndic, qui accomplissait la
vendilio et qu'on ne devait pas confondre, nous
l'avons dit, avec le *curator*, chargé de l'administration des biens pendant la *missio in possessionem*; c'était en même temps, suivant toutes les
probabilités, que le magistrat permettait aux
créanciers de faire apposer sur les murs de la
ville des affiches appelées *proscriptiones*, lesquelles avertissaient les autres créanciers et les
citoyens désireux d'acquérir les biens mis en
vente. Le *magister*, presque toujours choisi parmi
les créanciers, avait des fonctions semblables à
celles du syndic définitif, dans notre loi des faillites; il avait pour mission de diriger et d'effectuer
la vente du patrimoine, mais il n'était pas chargé,
croyons-nous, d'administrer les biens jusqu'à cet
acte.

Alors il y avait lieu à un autre délai de vingt ou
de trente jours, suivant la distinction que nous
avons déjà faite; ce délai nous est indiqué par
Gaius dans le passage précité de son *Commentaire III* : *Itaque si vivi bona veneant, in diebus
. . . . . jubet, si mortui in . . . . vivi bona tri-*

ginta, mortui vero viginti emptori addici jubet
(§ 79).

Après ce nouveau délai, le magistrat dressait,
à la demande des créanciers, un cahier des
charges, qu'on appelait la *lex bonorum vendendo-
rum*, et qu'on ajoutait aux affiches; ce cahier
comprenait sans doute l'indication des biens et le
montant des dettes.

Puis on procédait à la vente; elle avait lieu probablement aux enchères publiques, quoique aucun
texte ne nous le dise expressément; nous le
croyons cependant, ce mode ayant toujours été
employé pour la *bonorum sectio*.

Nous avons dit plus haut quels biens ne pouvaient être saisis et vendus; nous n'y reviendrons
pas; nous ajouterons seulement cette loi d'Ulpien :
*In venditione bonorum etiam ususfructus veniat,
quia appellatione* domini *fructuarius quoque continetur.*

Le patrimoine du débiteur insolvable était attri-
bué en entier au plus fort enchérisseur, c'est-à-dire
à celui qui s'engageait à payer le plus fort dividende aux créanciers, en échange des biens qu'il
acquérait; il pouvait se faire que l'acquéreur se
fût engagé à payer toutes les dettes grevant le

patrimoine et même à fournir des aliments au débiteur privé de ses biens.

Il est important de constater ici que, parmi ceux qui se portaient adjudicataires, il en était quelques-uns qu'on devait préférer aux autres, en tenant compte de la position de l'adjudicataire ou de sa parenté de sang avec le débiteur; nous en trouvons la preuve dans les deux textes suivants, qui ont donné autrefois lieu à de vives et graves discussions : *Quum bona veneunt debitoris, in comparatione extranei et ejus, qui creditor cognatusve sit, potior habetur creditor cognatusve; magis tamen creditor quam cognatus, et inter creditores potior is, cui major pecunia debebitur* (GAIUS, L. XVI, *Dig. de rebus auctoritate judicis*, XLII, 5). — *Imperator Antoninus Avidio Cassio rescripsit : Si creditores parati sint partem ex bonis, licet ab extraneo, consequi, rationem habendam prius necessariarum personarum si idoneæ sint* (PAPIRIUS JUSTUS, L. LX, *Dig. de pactis*, II, 14). Nous pensons que ces textes ne peuvent s'expliquer que si l'on admet qu'ils considèrent que les offres ont été égales, sans quoi le plus fort enchérisseur devait toujours être préféré.

Ajoutons, en terminant cette étude des formes

de la *venditio bonorum*, que les créanciers vendeurs devaient déclarer avoir accompli la vente et déposer cette déclaration entre les mains du *defensor civitalis*, en faisant le serment de n'avoir commis aucun dol, quelque minime qu'eût été la prime de l'adjudication. Avant la création du *defensor civitalis*, nous ne savons pas à quel fonctionnaire devait se faire cette déclaration.

CHAPITRE III.

EFFETS DE LA VENDITIO BONORUM.

SECTION Iʳᵉ.

EFFETS A L'ÉGARD DU DÉBITEUR.

Le premier effet de la *venditio bonorum* était
de dépouiller à jamais le débiteur de l'ensemble de
son patrimoine et de lui faire perdre le bénéfice
de tous les droits qu'il avait précédemment acquis;
la vente de ses biens avait lieu comme si sa succession avait été ouverte : *Imperatores Antoninus
et Verus Augusti rescripserunt,* nous dit Papirius
Justus, *bonis per curatorem ex senatusconsulto
distractis, nullam actionem ex ante gesto frau-
datori competere* (L. IV, *Dig. de curatore bonis
dando,* XLII, 7).

Le débiteur qui avait subi la *venditio bonorum*
se trouvait-il libéré des obligations qu'il avait contractées? C'est une des questions qui ont été le

plus controversées dans notre matière ; on a essayé, pour soutenir l'affirmative, de s'appuyer sur un texte d'Ulpien ainsi conçu : *Ait prætor : Quod postea contractum erit, quam is, cujus bona venierint, consilium receperit fraudare, sciente eo, qui contraxerit, ne actio eo nomine detur* (L. XXV, *Dig. de rebus auctoritate judicis*, XLII, V) ; nous croyons devoir, avant tout, écarter cette loi, qui suppose l'intention du débiteur de frauder ses créanciers et la complicité de l'un de ces derniers ; c'est là un cas tout à fait exceptionnel, qu'on ne saurait étendre, en l'absence d'un texte précis et général.

Abstraction faite de cette loi, nous nous trouvons en présence de deux textes contradictoires et, en apparence du moins, inconciliables : *Hæc actio etiam in ipsum fraudatorem datur, licet Mela non putabat, in fraudatorem eam dandam, quia nulla actio in eum ex ante gesto post bonorum venditionem daretur, et iniquum esset, actionem dari in eum, cui bona ablata essent. Si vere quædam disperdidisset, si nulla restitutione recuperari possent, nihilominus actio in eum dabitur ; et prætor non tantum emolumentum actionis intueri videtur in eo, qui exutus est in bonis,*

quam pœnam (VENULEIUS, L. XXV, § 7, *Dig. quæ
in fraudem creditorum*, XLII, 8). — *Et quamvis
pro portione bona venierint, iterum ex hereditaria
causa bona ejus non venient, nisi si quid ei ex
hereditaria causa fuerit adquisitum, velut si
Latinus adquisierit, locupletior factus sit : cum
ceterorum hominum, quorum bona venierint pro
portione, si quid postea adquirant, etiam sæpius
eorum bona venire soleant* (GAIUS, *Com. II*, § 155).
A notre avis, ces textes ne sont pas inconciliables ;
c'est du reste l'opinion de . . Jules Tambour, et
nous pensons ne pouvoir mieux faire que de reproduire ici un passage de son ouvrage *Des Voies
d'exécution :*

« Comment concilier ces textes ? Plusieurs
« auteurs, et notamment M. Étienne dans son
« *Commentaire des Institutes,* cherchent la conci-
« liation dans cette idée qu'il n'y a pas sans doute
« possibilité d'exercer d'action *ex ante gesto* contre
« le débiteur, mais que l'exécution se continuera
« sur les biens acquis par lui depuis la vente.
« Je conçois aisément qu'il en soit ainsi pour ceux
« des créanciers à qui une sentence ou une
« *confessio jure* a donné un titre exécutoire, mais
« cela me parait plus difficile pour ceux qui ne se

« trouvent pas dans cette position. Or, on ne sup-
« pose pas que tous les créanciers aient dû néces-
« sairement se procurer des titres de cette nature,
« puisqu'on admet le droit pour l'acheteur de
« contester les créances invoquées contre lui du
« chef du débiteur. Il faudrait donc supposer :
« ou bien que ceux-là ne pourront provoquer de
« nouvelles poursuites sur les biens survenus
« depuis la vente, ce qui n'est guère admissible,
« ou qu'ils agiront en vertu du premier envoi en
« possession étendu ainsi dans ses effets aux biens
« à venir, idée que ne présente aucun texte, et
« qui donnerait lieu d'ailleurs à de sérieuses diffi-
« cultés à raison du concours de créanciers pos-
« térieurs. D'un autre côté, il me paraît singulier
« que la *venditio*, fait qui émane de l'autorité du
« préteur, puisse éteindre complètement et de
« plein droit des obligations reconnues par le droit
« civil. Aussi serais-je d'avis d'admettre que sans
« doute ceux qui peuvent invoquer une sentence
« ou une *confessio in jure* auront le droit de pour-
« suivre l'envoi en possession et la vente des biens
« nouvellement acquis. Mais je pense en même
« temps que les actions contre le débiteur ne sont
« pas de plein droit éteintes ; que, pour les

« repousser, il devra recourir à une exception,
« laquelle, du reste, ne lui sera accordée qu'au-
« tant qu'il n'aura pas acquis de nouveaux biens.
« Si maintenant ce dernier point n'est pas con-
« testé, le préteur fera ce qu'il fait dans tous les
« cas où sont reconnus les faits invoqués à l'appui
« d'une exception ; il refusera l'action. C'est là ce
« qui justifie les expressions de la L. XXV, § 7. »

Comme second effet de la *venditio bonorum*, il
faut citer l'infamie qu'elle faisait encourir au débiteur insolvable, qu'il fût vivant ou mort ; nous
n'avons pas ici à étudier les effets de cette infamie,
ce qui nous étendrait trop loin et nous ferait sortir
de notre sujet. Constatons seulement que la loi
romaine permettait toujours au débiteur qui mou-
rait insolvable, d'éviter cette conséquence pour sa
mémoire, en instituant un esclave comme héritier
nécessaire; ce n'était plus alors sous son nom,
mais bien sous celui de cet esclave, que le patrimoine se trouvait mis en vente, non plus à titre
de biens d'une succession, mais comme biens
appartenant à l'héritier, qui seul se trouvait conséquemment noté d'infamie.

Tels étaient les importants effets que produisait
la vente du patrimoine vis-à-vis du débiteur ; il

nous reste à en voir les résultats à l'égard de l'acquéreur.

SECTION II.

EFFETS A L'ÉGARD DE L'ACQUÉREUR.

La conséquence du dessaisissement du débiteur par suite de la *vendilio bonorum* était que le *bonorum emptor* s'en trouvait immédiatement investi; nous ne pouvons exactement savoir comment se faisait cet investissement, le texte de Gaius, qui seul nous est parvenu sur ce sujet, était fort incomplet : *Neque autem bonorum possessorum, neque bonorum emptorum res pleno jure fiunt, sed in bonis efficiuntur; ex jure Quiritium autem ita demum adquiruntur, si usuceperunt. Interdum quidem bonorum emptoribus. . . . . quidem. . . . . si per cos. . . . . . . bonorum emptor. . . . . . . (Com. III, § 80).* Quelque mutilé que soit malheureusement ce passage, nous pouvons certainement en tirer cette décision que, contrairement à ce qui avait lieu dans la *bonorum sectio,* le *bonorum emptor* n'avait pas le *dominium* sur les biens du débiteur, mais que, lui succédant en quelque sorte *loco heredis,* il n'avait que la possession prétorienne, la *bonorum possessio.*

Toutefois, il avait les droits du débiteur dessaisi et pouvait exercer comme actions utiles les actions qu'avait celui-ci; il se trouvait tenu des obligations que le débiteur avait contractées avant la vente, mais jusqu'à concurrence seulement de ce qu'il avait promis de payer lors de l'adjudication; il était donc obligé de subir la poursuite des créanciers, poursuite qu'il pouvait toujours faire restreindre à la part qu'il devait payer, par l'exercice de l'*exceptio pacti conventi.*

Il importe de dire quelques mots des actions qui étaient accordées au *bonorum emptor* pour faire valoir les droits qu'il tenait de son acquisition; nous n'avons rien à dire de l'action Publicienne, qu'il ne pouvait exercer que s'il avait eu les objets en sa possession, ce qui n'offre aucune difficulté; nous parlerons seulement des deux actions qui lui étaient données pour se faire mettre en possession d'objets faisant partie du patrimoine du débiteur, c'est-à-dire des actions Rutilienne et Servienne : *Similiter,* dit Gaius, *et bonorum emptor ficto se herede agit. Sed interdum et alio modo agere solet; nam ex persona ejus cujus bona emerit sumpta intentione, convertit condemnationem in suam personam, id est, ut quod illius esset, vel illi dare oporteret, eo nomine adversarius huic condemnetur : quæ species actionis appellatur Rutiliana, quia a prætore Publio Rutilio, qui et bonorum venditionem introduxisse dicitur, comparata est. Superior autem species actionis, qua ficto se herede bonorum emptor agit, Serviana vocatur* (Com. IV, § 35). De ces deux actions, la première était sans contredit la plus ancienne et portait le nom même du créateur de la *bonorum venditio;* le *bonorum emptor* y agissait comme demandeur *alieno nomine;* la seconde, rendue nécessaire par l'impossibilité d'employer la première dans le cas de *venditio bonorum* d'une personne décédée, a dû probablement être réservée pour cette situation : elle était fondée sur une fiction de la qualité d'héritier chez le *bonorum emptor;* ces deux actions ne différaient que par leur rédaction; dans l'action Rutilienne, en effet, l'*intentio* était rédigée au nom du débiteur et la *condemnatio* au profit de l'acquéreur, tandis que, dans l'action Servienne, l'*intentio* et la *condemnatio* étaient toutes deux rédigées au nom du *bonorum emptor, ficto se herede.*

A côté des actions que nous venons d'indiquer et qui, toutes, étaient relatives à la revendication d'objets spécialement déterminés et aux poursuites exercées contre les débiteurs, le *bonorum emptor* avait aussi à son service un interdit, relatif aux contestations ayant rapport à l'universalité du patrimoine ; c'était l'interdit *possessorium*, qui avait de grandes analogies avec l'interdit *sectorium* et l'interdit *quorum bonorum*, respectivement donnés au *bonorum sector* et au *bonorum possessor*. C'est en l'assimilant à ce dernier que Gaius nous dit : *Bonorum quoque emptori similiter proponitur interdictum, quod quidam possessorium vocant (Com. IV, § 145).*

Si l'acquéreur du patrimoine du débiteur exerçait des poursuites contre des personnes en même temps créancières et débitrices de ce dernier, il se trouvait absolument tenu de subir la *deductio*, véritable compensation dont Gaius parle en ces termes : *Item . . . . . bonorum emptor cum deductione agere jubetur, id est, ut in hoc solum adversarius condemnetur, quod superest, deducto eo quod invicem sibi defraudatoris nomine debetur (Com. IV, § 65).* Il ne faudrait pas croire, toutefois, que cette *deductio* ressemblât à la *compen-*

satio, que devaient subir les *argentarii ;* elle avait avec celle-ci les différences les plus grandes, ainsi que nous allons facilement le démontrer, le plus brièvement possible.

L'*argentarius,* faisant profession d'ouvrir des comptes aux citoyens, et par cela même connaissant exactement sa position vis-à-vis du défendeur, devait, dans son *intentio,* ne réclamer que le reliquat du compte, sous peine de *pluspetitio ;* il ne devait faire la *compensatio* entre sa créance et sa dette que si toutes deux elles avaient un objet *ejusdem generis et naturæ ;* il n'était tenu de faire compensation que d'une dette exigible.

Le *bonorum emptor,* au contraire, n'avait pas à craindre de *pluspetitio,* l'*intentio* devant forcément être *incerta ;* il devait faire la *deductio* même d'une dette qui avait un objet tout autre que la créance ; il devait enfin déduire même ce que le *defraudator* lui devait à terme.

Nous avons ainsi terminé notre étude de la *bonorum venditio,* en droit romain ; il ne nous reste plus qu'à traiter, dans un appendice final, de la *bonorum distractio* qui, comme nous l'avons dit, l'avait remplacée à l'époque de Justinien.

APPENDICE

—

DE LA

BONORUM DISTRACTIO

—

La *bonorum venditio* ne survécut pas à la transformation totale de la procédure romaine, transformation qui eut lieu, comme on le sait, cent ans environ après Gaius et vers l'époque du règne de Dioclétien; on ne pouvait plus vouloir alors, en effet, de cette adjudication en bloc de tout un patrimoine et on devait arriver facilement à une vente en détail; ce fut la *bonorum distractio.*

Il y avait donc plus de deux cents ans que la *bonorum venditio* avait été remplacée lorsque Justinien disait : *Erant ante predictam successionem olim et aliæ per universitatem successiones : qualis fuerat bonorum emptio, quæ de bonis debitoris*

*vendendis per multas ambages fuerat introducta,
et tunc locum habebat quando judicia ordinaria in
usu fuerunt. Sed cum extraordinariis judiciis etiam
bonorum venditiones expiraverunt; et tantummodo
c.editoribus datur officio judicis bona possidere, et
prout utile eis visum fuerit, ea disponere : quod ex
latioribus Digestorum libris perfectius apparebit*
(*Inst. lib. III,* tit. XII).

Avant la suppression totale de la *bonorum venditio,* croyons-nous devoir noter, la *bonorum distractio* était quelquefois exceptionnellement introduite, s'il s'agissait de la vente des biens d'une
personne illustre; cette coutume avait été mise
en vigueur par un sénatus-consulte, rendu sous
Marc-Aurèle, et que rapporte Nératius au Digeste
(*L.* IX, *De curatoribus furioso,* XXVII, 10).
La disparition complète de la *bonorum venditio*
ne fut que l'extension de la même idée.

Aucun texte ne nous signale les raisons de cette
modification apportée à la vente du patrimoine des
débiteurs insolvables :

« Probablement, dit M. Demangeat dans son
« tome II, page 159, à la même époque où l'em-
« ploi des formules a paru gênant, on a égale-
« ment trouvé incommode que le créancier qui

« n'est pas payé par son débiteur, fût obligé de
« s'entendre avec tous les autres créanciers à
« l'effet de poursuivre la vente en bloc du patri-
« moine tout entier. »

En cette matière, il n'y avait plus de *magister ;*
des curateurs seuls, nommés par la majorité des
créanciers, et confirmés par le magistrat, étaient
chargés de l'administration des biens pendant
l'envoi en possession qui précédait la vente, puis
du soin de procéder à la vente; aucun texte, en
effet, ne distingue plus entre les personnes auxquelles ces deux missions sont données. Plus tard,
on admit que les créanciers eux-mêmes pouvaient
accomplir la vente (L. X, *Code*, VII, 72); cette
même loi augmentait beaucoup le délai entre
l'envoi en possession et la vente; ce délai était, en
effet, sous Justinien, de deux ans, si les créanciers
étaient présents, et de quatre ans pour ceux qui
ne s'étaient pas fait envoyer en possession. La
vente ne pouvait avoir lieu qu'avec l'autorisation
du magistrat, intervenant ainsi pour la seconde
fois; quant à la manière dont elle devait s'exécuter, il est permis, en l'absence de tout texte,
de penser qu'on n'avait rien innové sur ce point
depuis la *bonorum venditio.*

La vente faite, le curateur payait chaque créancier, en commençant par les créanciers privilégiés, par ordre de privilège, avec concours entre privilégiés de même ordre. Dans le cas où la vente avait produit plus que le montant des créances connues, on déposait le surplus au Trésor de l'Église, sur la constatation de *tabularii* et avec l'affirmation du curateur faite devant le *defensor civitatis,* sur l'Évangile, que la vente n'avait rien produit de plus et qu'il avait obtenu le plus haut prix possible.

La succession du débiteur n'était pas ouverte par la *bonorum distractio,* et le débiteur ne devait pas être considéré comme libéré, l'*emptor* n'étant pas un acquéreur à titre universel, mais un acheteur à titre particulier, débiteur purement et simplement du prix de vente; constatons aussi qu'il n'y avait pas infamie frappant le débiteur qui subissait la *bonorum distractio.*

Notons, en terminant, que la disparition de la *bonorum venditio* n'entraîna nullement la chute de la cession de biens, dont nous avons dit un mot et qui subsista en droit romain jusqu'à la fin de l'Empire.

DROIT INTERNATIONAL

DE LA FAILLITE

DANS LES

RAPPORTS INTERNATIONAUX

CHAPITRE Ier

INTRODUCTION.

On a bien souvent signalé l'importance de jour en jour plus grande que prennent les questions de droit international privé. Discutées souvent devant les Tribunaux, traitées par de nombreux jurisconsultes, tranchées quelquefois par les traités diplomatiques malheureusement encore rares, ces questions intéressent aujourd'hui toutes les personnes attachées à l'étude du droit.

C'est surtout le droit commercial qui, pouvant, par sa simplicité et la fréquence de ses applications, profiter le premier des découvertes humaines a développé les principes de droit international privé; le commerce, en effet, a été le premier lien entre les individus ou les familles, et les a conduits à la société, c'est-à-dire à la commune et à l'État; c'est lui aussi qui, le premier, a fait sentir l'utilité, nous disons même la nécessité des relations internationales. Malgré quelques tentatives, inspirées par l'égoïsme national, il a toujours été l'instrument le plus puissant du progrès de tous les principes sur lesquels sont basés les droits internationaux.

Parmi les questions soulevées par l'extension de ces relations entre États, une des plus intéressantes et des plus discutées est, sans contredit, celle des effets de la faillite.

La faillite est l'état qui résulte de la cessation de paiements; elle présume l'insolvabilité, sans l'exiger comme une condition indispensable, et, dans beaucoup de législations, notamment dans la nôtre, elle ne s'applique qu'aux commerçants.

D'après la loi du 28 mai 1838, qui a remplacé le texte du Code de Commerce de 1808, cet état de cessation de paiements doit être prouvé devant des juges qui, par le jugement déclaratif de faillite lui-même, en fixent rétroactivement le point de départ ; l'article 441 donne à ce sujet aux juges tout pouvoir d'appréciation.

Une loi sur la faillite doit, pour être équitable, avoir pour but à la fois la protection des créanciers et celle du débiteur.

Pour les créanciers, elle doit établir entre eux, sauf les causes légitimes de préférence, l'égalité de condition, parce qu'ils ont tous suivi la foi du débiteur, ce qu'elle leur assure, chez nous, en empêchant le débiteur de favoriser l'un d'entre eux au préjudice des autres, en annulant tout acte ayant pour résultat de diminuer l'actif ou d'augmenter le passif, en instituant enfin un syndic qui, représentant tous les créanciers, administre les biens dont le débiteur est dessaisi, dans l'intérêt de tous.

Elle est faite aussi dans l'intérêt du débiteur malheureux dont la mauvaise foi n'est pas établie ; c'est dans ce but qu'elle lui permet d'obtenir valablement de la majorité de ses créanciers un arrangement, obligatoire pour tous, appelé concordat, grâce auquel il pourra se libérer de ses obligations, moyennant un dividende fixé par la convention elle-même.

Malgré la variété et la multiplicité de ces opérations, nos législateurs de 1808 et de 1838 ont eu une tendance manifeste à organiser en France l'unité et l'universalité de la faillite, état général affectant la personne et la fortune du failli ; un seul Tribunal est compétent pour déclarer la faillite, celui du domicile du failli ; une seule juridiction s'occupe de la vérification des créances ; le concordat est unique, de même que la liquidation de l'actif du failli, accomplie par les syndics, dont l'action centrale est substituée aux actions particulières de chaque créancier.

C'est ainsi que, dans notre législation comme dans celle de tous les autres pays, la faillite doit être considérée comme un état général, absolu et indivisible, affectant la personne, les droits et les biens du failli, à l'égard de toute personne intéressée, état dont le point de départ est le jugement déclaratif de faillite, qui a l'autorité de chose jugée vis-à-vis de tout le monde.

Les principes que nous venons de poser sur l'universalité et l'indivisibilité de la faillite ne sont établis par aucun texte, en droit français, nous le reconnaissons ; mais ils résultent si clairement de l'ensemble même des dispositions de la loi, qu'ils n'ont pas eu besoin, on peut l'affirmer, d'être écrits et que, si la loi les a passés sous silence, c'est qu'elle les a considérés comme évidents *a priori.*

Cela résulte bien, à notre avis, de quelques articles du Code de commerce que nous allons analyser rapidement.

Par l'article 438, qu'il faut combiner avec l'article 59 du Code de procédure civile, la loi concentre toutes les opérations de la faillite devant un Tribunal unique, celui du domicile du débiteur, c'est-à-dire du lieu où il a son principal établissement, décision éminemment rationnelle, ce Tribunal étant le mieux en situation de se renseigner suffisamment sur l'état des affaires du débiteur.

Cette règle est applicable dans tous les cas, lors notamment qu'il s'agit de la déclaration de faillite d'une société et non d'un individu isolé ; la compétence est attribuée à un seul Tribunal, celui du lieu où la Société a son principal établissement, quand bien même cette Société possèderait ailleurs une succursale ou que les statuts auraient établi dans un autre endroit le siège social, la réalité devant toujours, en cas de contradiction, triompher de la volonté des associés.

Ce principe que la faillite comprend et englobe tous les établissements divers, résulte clairement de l'article 442, lequel exige que le jugement déclaratif de faillite soit publié dans tous les lieux où le failli a des établissements.

Enfin, l'article 443, qui dessaisit le failli de tous ses biens, non-seulement de ses biens présents, mais aussi de tous ses biens à venir, quels qu'ils soient, consacre la même règle, en donnant à un syndic, sous la surveillance d'un juge-commissaire, le pouvoir d'administrer les biens du failli, de constater les dettes par la vérification des créances, d'intenter toutes les actions et d'y défendre, au nom et dans l'intérêt de la masse, et enfin, en cas d'union entre les créanciers, de poursuivre la vente des immeubles, marchandises et effets mobiliers du failli, et la liquidation de ses dettes actives et passives (article 584).

Nous pourrions trouver, soit dans le texte de 1808, soit dans la loi de 1838, actuellement en vigueur, bien d'autres dispositions consacrant aussi le principe de l'universalité et de l'unité de la faillite, mais nous croyons avoir à ce sujet suffisamment expliqué et montré l'esprit du Code et de la loi de 1838. Les explications que nous avons données sont du reste conformes à l'enseignement de la presque unanimité des auteurs et à la jurisprudence générale.

Sans aller plus loin, ayant constaté l'admission en droit interne du principe de l'universalité et de l'unité de la faillite, nous aurons à nous demander, et c'est le but de ce travail, si ces principes peuvent, dans l'état actuel des législations et des rapports qui existent entre les nations civilisées, être transportés sans inconvénient dans le domaine du droit international privé.

Mais, avant d'entamer notre sujet et de le traiter à fond, nous croyons qu'il est indispensable d'exposer brièvement la doctrine et de prendre personnellement un parti dans la question générale de l'exécution des jugements étrangers ; occupons-nous d'abord du cas le plus général, à savoir de celui où aucun traité n'existe entre le pays qui a rendu le jugement et celui où on en demande l'exécution.

Quant à la force exécutoire, la question ne se présente pas, tout le monde étant d'accord pour ne pas la reconnaître aux jugements étrangers sur un autre territoire, par cette raison qu'elle dépend entièrement de la souveraineté ; pour permettre

des mesures d'exécution en vertu de ces jugements, tous les auteurs s'accordent avec la jurisprudence, en exigeant qu'ils soient formellement
rendus exécutoires par un jugement, système
consacré chez nous par les articles 2,123 du Code
civil et 546 du Code de procédure.

Mais ces jugements, qui n'ont certainement pas,
à l'étranger, de force exécutoire, y ont-ils, doivent-
ils y avoir force de chose jugée? C'est là la question qui divise les jurisconsultes et les divisera
longtemps encore, nous le craignons. A quelles
conditions le jugement rendu par le Tribunal
étranger est-il soumis, pour obtenir l'*exequatur?*
Le Tribunal, auquel on le demande, doit-il seulement délivrer un ordre d'exécution, un *visa* ou
parcatis? ou doit-il, au contraire, procéder à une
véritable révision, après un nouvel examen et de
nouveaux débats?

Sur ce sujet, trois systèmes principaux ont pris
naissance. Le premier, suivi déjà dans notre ancien
droit, distingue entre le cas où le jugement
étranger a été rendu contre un *régnicole* et celui
où il a été rendu contre un étranger, sans distinguer, d'ailleurs, s'il a été rendu au profit d'un
régnicole ou d'un étranger; dans le premier cas

seulement, il admet la révision au fond, en se basant sur l'article 121 de notre ordonnance de 1629 (Code Michaud), ainsi conçue : « Les juge- « ments rendus..... ès-royaumes et souverainetés « étrangères n'auront aucune hypothèque ni exé- « cution en notre royaume..... ; et nonobstant les « dits jugements, *nos sujets,* contre lesquels ils « ont été rendus, pourront de nouveau *débattre* « leurs droits comme entiers devant nos offi- « ciers. » Même sous le Code civil, on a soutenu que cette distinction devait être maintenue, le législateur nouveau ne s'en étant pas formellement écarté, et rien n'indiquant qu'il en ait eu même l'intention (Voir en ce sens : Fœlix, n°s 281 et suivants, et notamment dans la *Revue critique de 1877,* un article de M. Ripert, alors agrégé à la Faculté de Rennes. — Pardessus, *Cours de Droit commercial,* t. V, part. vi, tit. 7, chap. II, sect. ii, p. 226). Ce système est encore suivi en Grèce (Code de procédure de 1834). Pour nous, il résulte du texte même des articles 2,123 du Code civil et 546 du Code de procédure, que le légis- lateur a entendu proscrire cette ancienne doctrine et qu'il a rejeté cette distinction, à laquelle avait donné naissance un sentiment exagéré de jalousie

nationale et de protection des régnicoles ; cette
abrogation de l'ordonnance de 1629 par le Code
civil a été soutenue en France par MM. MASSÉ
(*Droit commercial*, t. II, p. 60-77) et DEMOLOMBE
(Code civil, T. I, tit. I, chap. III, n° 263).

La discussion est bien plus sérieuse, à notre
avis, entre les deux autres systèmes, dont l'un
n'admet jamais la révision, même quand le jugement a été rendu contre un Français, et dont
l'autre l'admet toujours, même quand le jugement
a été rendu contre un étranger.

1° Le premier, suivi par la jurisprudence d'un
assez grand nombre d'États et défendu par la plupart des auteurs qui se sont spécialement occupés
de droit international, invoque le texte même des
articles 2,123 du Code civil et 546 du Code de
procédure, pour décider que c'est le jugement
étranger lui-même qui doit être *déclaré* exécutoire
par le Tribunal français ; or, s'il y avait lieu à un
nouvel examen et à de nouveaux débats, il y aurait
un nouveau jugement, qui serait bien exécutoire,
mais ce ne serait plus le jugement étranger qui le
deviendrait, que le Tribunal français ait d'ailleurs
jugé conformément ou contrairement à la décision
du Tribunal étranger. Il est vrai, ajoute-t-on dans

ce système, que ce n'est plus, comme pour rendre exécutoire une sentence arbitrale, le Président seul qui rend l'ordonnance d'exécution, mais le Tribunal tout entier, comme on l'admet généralement en droit international ; mais on conçoit facilement qu'il en soit ainsi, alors qu'il s'agit d'examiner préalablement la compétence du Tribunal, la régularité de la procédure, l'absence de toute disposition contraire aux lois ou à l'ordre public du pays et la force de la chose jugée acquise au jugement. Ce système, assez redoutable par sa conformité avec les textes, a été notamment défendu par MASSÉ (*Droit commercial*), BONFILS (*De la Compétence des Tribunaux français à l'égard des étrangers*, page 228 et suivantes), DE MARTENS (*Précis du Droit des gens*, T. I, p. 265-67), WHEATON (*Éléments de Droit international*), HEFFTER (*Droit international de l'Europe*, p. 81), BROCHER (*Nouveau Traité de Droit international privé*, p. 422), CALVO (*Droit international*, T. I, p. 244), STORY (*On the Conflict of laws*, p. 781 et suiv., 1865), par MM. CARLE et NORSA, en Italie, et DUBOIS, en France. Un système analogue est consacré par la jurisprudence, dans les Pays-Bas (art. 431 du Code de procédure), en Russie (art. 1278-81 du Code de procédure), en Allemagne et en Autriche, sauf réciprocité ; en Espagne depuis 1855, en Italie depuis 1860, en Danemark, en Angleterre et aux États-Unis.

2° Le troisième système, auquel nous croyons devoir nous ranger, admet la révision dans tous les cas, comme nous l'avons déjà dit ; il insiste sur ce qu'un Tribunal, siégeant tout entier, rend des *jugements* et ne peut juger sans examen, juger autrement que dans la pleine indépendance de ses lumières et de ses convictions ; cette doctrine, sage et prudente, n'est pas fondée seulement sur l'obligation de rendre exécutoire le jugement étranger, mais aussi sur le principe de la souveraineté nationale et de l'indépendance de l'État, sur la règle que toute justice émane du souverain ; serait-il convenable et juste de forcer un Tribunal à déclarer toujours exécutoire un jugement rendu par un Tribunal étranger, dans un pays où l'organisation de la justice n'offrirait pas encore toutes les garanties désirables, un jugement qui pourrait être inique ? Et, si l'on admet qu'aujourd'hui la justice offre ces garanties dans les pays civilisés, ne peut-il se produire des circonstances politiques qui modifieraient profondément et renverseraient même cet état de choses? Ce serait de plus, ce nous semble, introduire une contradiction à la loi française, dont le but a été de protéger le Français contre un jugement étranger, en lui permettant de citer l'étranger en France (Art. 14, C. civ.), que de le laisser sans secours contre un jugement étranger rendu contre lui. Ce dernier système, soutenu par MERLIN (*V° Jugement, Recueil de Questions de droit*, T. IX), TOULLIER (T. X, p. 127, *Droit civil français*), TROPLONG (*Privilèges et Hypothèques*, T. II, 147-151), et DEMOLOMBE (Code civil, liv. I, tit. I, chap. III, n° 263), paraît avoir définitivement triomphé en France dans la pratique et dans la jurisprudence * (Voir notamment : Cass., 19 avril 1819; Douai, 3 janvier 1845; Paris, 5 mai 1846; Cass., 27 décembre 1852; Douai, 22 décembre 1863; Paris, 22 avril 1864; Cass., 20 août 1872; Pau, 17 janvier 1872). En Belgique (Art. 10 et 52, loi du 25 mars 1876); en Portugal, en Suède, en Norvège et en Suisse (Art. 376, loi

---

* Notons ici que quelques-uns des partisans de ce système font, à tort selon nous, une exception pour les jugements étrangers, affectant l'état et la capacité de la personne auxquels ils donnent autorité de chose jugée, décision qu'ils appliquent notamment aux jugements déclaratifs de faillite.

du 8 novembre 1810), on a établi des règles aboutissant au même résultat.

Il est évident que les raisons qui nous ont porté à admettre cette dernière doctrine nous portent également à repousser l'idée d'une loi en vertu de laquelle les jugements étrangers auraient autorité de chose jugée et seraient rendus exécutoires sans révision, à moins qu'il ne s'agisse d'une loi ne s'en référant qu'aux traités, comme la loi belge du 25 mars 1876, dont l'article 10 est ainsi conçu :

« Les Tribunaux de première instance con-
« naissent des décisions rendues par les juges
« étrangers en matière civile et commerciale.
« S'il existe entre la Belgique et le pays où la
« décision a été rendue, un traité conclu sur
« la base de la réciprocité, leur examen ne por-
« tera que sur les cinq points suivants : 1° Si la
« décision ne contient rien de contraire à l'ordre
« public ni aux principes du droit public belge;
« 2° Si, d'après la loi du pays où la décision a été
« rendue, elle est passée en force de chose jugée;
« 3° Si, d'après la même loi, l'expédition qui en
« est produite réunit les conditions nécessaires
« à son authenticité; 4° Si les droits de la défense
« ont été respectés; 5° Si le Tribunal étranger

« n'est pas uniquement compétent à raison de la
« nationalité du demandeur. »

De même nous nous opposerions à une sorte
d'union entre plusieurs États, comme les Pays-Bas
l'avaient proposé en 1874. Mais, au contraire, et
ce sera notre conclusion, il est, à notre avis, dési-
rable, et il serait très utile, de voir se former le
plus de traités possible dans ce but entre deux
nations qui déclareraient, sauf dénonciation du
traité, regarder la justice comme actuellement
assez impartiale et offrant assez de garanties pour
reconnaître l'autorité de la chose jugée à leurs
décisions judiciaires réciproques ; nous citerons
comme exemples les traités conclus par la France
avec le Grand-Duché de Bade (16 avril 1846) *,
avec la Sardaigne (24 mars 1760 et 11 septembre 1860), avec la Suisse (18 juillet 1828 et
15 juin 1869), et ceux entre différents États allemands (de 1808 à 1854) et entre la Prusse et
l'Autriche (10 mars 1845).

Ayant ainsi refusé de reconnaître l'autorité de la
chose jugée aux jugements étrangers, ce qui

---

* Remis en vigueur et étendu à l'Alsace-Lorraine par la convention du 11 décembre 1871.

impliquera logiquement la non-reconnaissance de l'universalité de la faillite en droit international, nous allons avoir encore à examiner successivement si la doctrine ou la jurisprudence ont reconnu cette universalité.

CHAPITRE II.

OPINIONS DIVERSES DES AUTEURS ANCIENS ET MODERNES.

La plupart des auteurs anciens qui ont traité de la faillite l'ont considérée comme une *capitis deminutio* et, comparant le failli à un interdit, ou même à un mort civilement, ont conclu que la faillite était un état particulier, affectant la personne elle-même, la loi qui s'y rapporte étant sans aucun doute personnelle. Les conséquences de cette doctrine, qu'ont adoptée, comme nous le verrons, les Tribunaux belges, sont que les incapacités, résultant de la déclaration de faillite, suivent le débiteur partout où il passe, sans qu'il y ait besoin de déclarer exécutoire le jugement définitif. Cette opinion, si bien exprimée par le cardinal DE LUCA : « *Decoctio habet vim mortis* « *atque decoctus habetur pro mortuo* » (*De Cambiis*, diss. XXXII, n° 15), a été défendue par ANSALDE

— 88 —

(*De Commercio et Mercatura,* disc. XXXVIII,
n°s 31-32), Stracca (*De Decoctoribus,* 3e partie,
n° 28), et Scaccia (*De Cambio,* par. 2, glos. V,
n°s 329 et 443).

Il faut reconnaître que ces auteurs, allant plus
loin, étaient déjà partisans du principe de l'universalité de la faillite, notamment le cardinal de
Luca et Ansalde, quoiqu'ils aient invoqué des
raisons différentes, pour arriver à la même conclusion.

Le premier se base sur l'indivisibilité de l'état
de la personne, ne pouvant logiquement admettre
que le failli soit incapable vis-à-vis de certaines
personnes et capable, non failli, vis-à-vis de certaines autres; c'est ainsi qu'il dit : « *Item quia*
« *quum istæ causæ concursus creditorum sint uni-*
« *versales, super statu individuo personæ, hinc*
« *impossibile est dare hanc distinctionem ut unus*
« *et idem debitor, eodem tempore, sit decoctus et*
« *non decoctus, quodque respectu clericorum sit*
« *habilis ad contrahendum citra fraudem, ista*
« *vero urgeat respectu laïcorum, id enim continet*
« *implicantiam manifestam (De Credito,* disc. X,
n° 32). »

Quant à Ansalde, il appuie son opinion sur ce

que l'universalité des biens d'un débiteur, quelle que soit leur situation, répond du payement de ses dettes ; il est de l'intérêt des créanciers, dit-il, qu'il n'y ait, pour la faillite, qu'un juge et qu'un jugement, ce qui est d'ailleurs conforme à la raison ; il se refuse à faire une distinction quelconque entre les créanciers, qu'ils soient étrangers ou qu'ils soient compatriotes du failli ; mais il tient compte toutefois des causes légitimes de préférence qui peuvent exister au profit de quelques-uns par privilège ou hypothèque. Cela résulte clairement du passage suivant : « *Quamobrem nec in aliqua haberi* « *debet consideratione quod inter creditores repe-* « *riantur forenses et non suppositi juridictioni* « *judicum Hetruscæ ditionis ; quoniam receptum* « *et practicatum est in hac materia, tam ratione* « *connectionis, ne contingat super eodem puncto* « *coram diversis judicibus plures et diversas vel* « *contrarias sententias proferri, quam etiam* « *ratione intolerabilis incommodi partium, ut* « *coram pluribus judicibus plures et in diversis* « *foris scripturas producere ac novas probationes* « *facere cogerentur, quod idem sit judex et unicum* « *judicium . . . . Statutum jubens ut super*

« *patrimonio decocti, non attenta prioritate vel*
« *potioritate creditorum, fiat solutio per æs et*
« *libram, afficit pariter forenses* » (*De Commercio
et Mercatura*, disc. II, n°s 23, 28 et 29).

D'autres auteurs anciens, tout en comparant
l'incapacité du failli à la mort naturelle (CASAREGIS,
Disc.) ou à la mort civile (*De Jorio : Della Deco-
zione*), ce qui semblerait indiquer qu'elle appartient au statut personnel, comme l'a décidé un
arrêt de la Grande-Cour civile de Naples du
22 décembre 1854, prétendent que la loi a surtout
en vue l'intérêt des créanciers et tend principalement à empêcher la perte des biens du débiteur,
qui sont leur gage commun. Ils en tirent cette
conclusion que la loi est réelle, et, qu'en conséquence, l'incapacité résultant du jugement déclaratif de faillite ne peut porter que sur la portion
du patrimoine du débiteur située dans le pays où
a été déclarée la faillite ; c'est ce que disait
CASAREGIS (Disc. CXXX, n° 17) : « *Quia dispo-
« sitio vel effectus principaliter versatur circa res
« et bona decocti creditoribus distribuenda, licet
« loquatur in personam.* »

Parmi les auteurs modernes, Rocco se rattache
à une doctrine semblable en prétendant que les

lois sur la faillite constituent un statut essentielle-
ment réel et qu'aucune incapacité du failli ne le suit
conséquemment hors du territoire où la faillite a
été prononcée ; cette réalité du statut lui parais-
sant évidente, il ajoute : « Le débiteur déclaré en
« faillite par nos Tribunaux sera regardé comme
« tel dans le territoire du royaume, et, quant à
« ses biens situés hors du royaume, il sera consi-
« déré différemment ; son incapacité s'évanouit, et
« le reste de sa fortune, situé à l'étranger, ne
« sera, par conséquent, pas entraîné de la même
« manière dans les conséquences de la faillite »
(*Droit civil international*, 3ᵉ partie, chap. XXXI).
En invoquant l'autorité de Casaregis, il se refuse
à toute distinction, parce que, dit-il, toute manière
d'incapacité personnelle du failli ne peut se séparer
de ses rapports juridiques avec ses biens. Et c'est
logiquement qu'il décide que les aliénations d'immeubles situés hors du territoire, les constitutions
de droits réels, de même que les paiements exécutés
entre les mains des créanciers étrangers, sont
pleinement valables et efficaces, jusqu'à ce que le
jugement déclaratif de faillite ait été rendu exécutoire dans l'État où ces immeubles se trouvent
situés et où ces paiements ont été faits. Nous pou-

vons conclure de ce qui précède, que Rocco, tout en s'élevant à la notion d'une procédure de faillite unique et universelle, est conduit, par son idée d'y associer le principe du statut réel, à détruire presque complétement, en pratique, l'effet du principe sur lequel il appuie sa théorie.

Quant à M. DE SAVIGNY (*Traité de Droit romain*, T. VIII), il prétend qu'il résulte de la doctrine des auteurs, des décisions de la jurisprudence, des coutumes et des traités internationaux, une tendance constante vers une *communauté de droit*, ayant pour but et pour résultat de trancher par des règles uniques, chez tous les peuples divers, les conflits de législations ; cette communauté de droit lui sert à combattre les théories de droit international privé admises de son temps, et à justifier une prétendue tendance progressive des rapports internationaux vers le principe d'une faillite unique ou universelle, pure de toute cette distinction des statuts personnels ou réels. « On ne sau-
« rait, dit-il, rejeter la théorie des statuts comme
« absolument fausse, car elle est susceptible des
« interprétations et des applications les plus
« diverses, parmi lesquelles peuvent s'en rencon-
« trer de tout à fait justes. Mais, comme elle n'est

« nullement complète et prête à une foule d'équi-
« voques, nous ne pouvons la prendre comme base. »
Et il ajoute : « Je ne puis admettre que les
« créanciers puissent faire prononcer autant de
« faillites qu'il y a de lieux où les biens sont
« situés. Cela supposerait que toute créance donne
« le droit d'actionner le débiteur partout où il
« possède des biens, ou, en d'autres termes,
« impliquerait l'existence d'un *forum rei sitæ*
« général pour les actions personnelles. Cela est
« absolument inadmissible, et par cela même il
« ne saurait y avoir plusieurs failllites admises en
« différents pays. »

La majorité des auteurs français, modernes et contemporains refuse de reconnaître l'universalité de la faillite en droit international.

MERLIN, dans son *Répertoire* (*V° Faillite*), sect. II, par. II, art. 10), laisse entièrement de côté l'examen de la personnalité ou de la réalité des lois sur la faillite. Il commence par trancher affirmativement la question de savoir si les syndics, nommés à la faillite d'un commerçant étranger, par un Tribunal étranger, peuvent, sans avoir préalablement fait déclarer exécutoire par un Tribunal français le jugement qui déclare la faillite et celui qui contient leur nomination, poursuivre en France le recouvrement des créances ou autres objets appartenant aux débiteurs qu'ils représentent. Puis il s'occupe de l'aliénation de biens ou de marchandises faite par un étranger failli, il fait une distinction suivant que l'acheteur savait ou ne savait pas que le vendeur avait été déclaré en faillite par sa loi nationale ; dans le premier cas, si l'acheteur a acquis au préjudice des créanciers, il décide que la vente doit être annulée, à moins que l'acheteur ne puisse prouver que le vendeur a été déclaré à tort en état de faillite ; dans le second cas, la vente est parfaitement valable, et ce serait en vain que les créanciers du vendeur voudraient évincer l'acheteur, en faisant déclarer exécutoire en France le jugement étranger déclaratif de faillite, cette déclaration ne pouvant rétroactivement lui préjudicier ; il est bon de noter à ce sujet, avec M. Massé, qu'il s'agit ici d'une question de capacité et nullement d'une question de bonne foi. C'est enfin suivant la même distinction que Merlin accorde ou refuse logiquement aux créanciers hypothécaires du failli, le droit de faire inscrire leurs hypothèques, tant que le jugement déclaratif de faillite n'a pas été rendu exécutoire en France.

Fœlix, dans son ouvrage du *Droit international privé*, admet que le jugement étranger qui déclare la faillite peut, aux yeux de la loi française, altérer la capacité de la personne, comme, par exemple, un jugement d'interdiction ; il met précisément sur la même ligne celui qui a été déclaré en faillite et celui dont l'interdiction a été prononcée par un jugement étranger. Cette doctrine tient à ce que Fœlix admet, principe contestable selon nous, que le jugement déclaratif de faillite n'est qu'un acte de juridiction volontaire, opinion suivie depuis par M. **Bonfils**. C'est en se basant sur le même principe qu'il enseigne que le concordat obtenu à l'étranger peut être homologué par les Tribunaux français, et même que le jugement étranger, qui en a prononcé l'homologation, peut être rendu exécutoire par eux, pourvu que ce concordat réunisse les conditions requises par la loi du lieu où il s'est formé.

M. **Massé** (*Droit commercial*) distingue parmi les incapacités dérivant de la déclaration de faillite, celles qui sont relatives à la personne du failli de celles qui ne sont relatives qu'à ses biens ; il est suivi dans cette théorie par MM. **Demangeat** (*Notes sur Fœlix et sur Bravard*) et **Bonfils**

(*Compétence des Tribunaux français à l'égard des étrangers*). Regardant comme appartenant au statut personnel les premières, comme par exemple : l'interdiction de la profession de commerçant, de l'escompte de la Banque de France, des opérations de Bourse, etc., il décide qu'elles atteindront le failli, en quelque lieu qu'il soit, à cette seule condition que l'état de faillite soit constant. Quant aux secondes, au contraire, appartenant au statut réel, il ne leur reconnaît aucune force en dehors du territoire où elles ont été prononcées ; l'incapacité du failli, d'après M. Massé, ne serait donc pas absolue, mais seulement relative. M. Massé a abandonné avec raison la doctrine qu'il avait suivie dans la première édition de son ouvrage, à savoir que : « Il faut distinguer entre « le cas où le jugement déclaratif de la faillite « a été rendu avec le consentement du failli et « celui où il a été rendu malgré l'opposition du « failli ; dans le premier cas, il y a une véritable « procuration donnée aux syndics par le failli et « il n'y a pas besoin de *pareatis*, etc. » Il ne regarde pas comme suffisante la déclaration d'exécutoire du jugement étranger, s'il s'agit, non pas seulement de protéger le failli contre les poursuites individuelles de ses créanciers, mais d'étendre les effets de la faillite déclarée à la portion de son patrimoine située en France. Enfin, quant au concordat, il décide que : « C'est un traité volon- « taire entre le failli et ses créanciers et qui, par « lui-même, est obligatoire *pour tous ceux qui* « *y ont pris part.* » Le jugement qui l'homologue « n'a d'autre effet que de rendre ce traité obliga- « toire pour ceux-là même qui n'y ont pas « consenti. Mais, comme ici il ne s'agit que de « ses effets vis-à-vis des consentants, à l'égard « desquels le jugement homologatif n'ajoute rien « au concordat, il en résulte que le concordat « étranger peut être opposé aux créanciers fran- « çais qui y ont pris part ou qui y ont adhéré, « sans qu'il soit nécessaire de soumettre le « jugement homologatif au *parealis* des juges « français. »

Parmi les auteurs contemporains, il en est tou-tefois plusieurs qui ont vaillamment soutenu le principe de l'universalité de la faillite; nous cite-rons notamment : en Italie, M. Pasquale FIORE, professeur de droit des Gens à l'Université de Pise, d'abord dans un traité de droit international et depuis dans une brochure imprimée à Pise en

1873 et intitulée : *Del fallimento secondo il diritto internazionale* ; M. Giuseppe Carle, avocat et professeur extraordinaire de l'Université de Turin, dans un mémoire couronné par l'Académie des Sciences morales et politiques de Naples et dans un rapport sur les travaux d'un Congrès, dont nous aurons à parler plus loin; M. César Norsa, avocat à Milan, dans une *Revue de la Jurisprudence italienne en matière de droit international* (*Revue de Gand*, 1870-1877, p. 027 et suiv.); en France, M. Ernest Dubois, professeur à la Faculté de droit de Nancy, dans les notes qu'il a ajoutées à sa traduction de l'ouvrage de M. Carle.

Nous croyons devoir reproduire ici les conclusions de M. Fiore, traduites par M. Pradier-Fodéré : « 1° On ne devrait faire aucune différence « entre les nationaux et les étrangers, quant à « la jouissance des avantages dérivant des lois « qui régissent le commerce ; on ne devrait, par « conséquent, pas enlever aux étrangers le droit « de faire déclarer la faillite dans le pays de leur « domicile commercial, et d'obtenir sans restric- « tion, mais à parité de condition juridique avec « les nationaux, l'application des lois qui y sont « en vigueur; 2° Le Tribunal du domicile commer-

« cial devrait être compétent pour déclarer
« pareillement la faillite d'un étranger, et pour
« résoudre toutes les questions incidentes provo-
« nant de la cessation des paiements. Seulement,
« dans l'hypothèse que les établissements com-
« merciaux seraient distincts et séparés, chacun
« des Tribunaux des pays où ils se trouveraient
« devrait être compétent ; 3° Le jugement décla-
« ratif de faillite, non encore rendu exécutoire,
« devrait valoir devant les Tribunaux de n'importe
« quel pays, pour constater l'époque de la cessa-
« tion des paiements, et avoir partout l'autorité
« de la chose jugée, pour empêcher que les
« créanciers, avec leurs actions individuelles,
« pussent en éluder les effets ; 4° Le jugement
« de faillite, quoique la théorie soutenue par les
« auteurs et la jurisprudence établie soient diffé-
« rentes, devrait être efficace pour tous les effets
« légaux sur les biens appartenant au failli, et sur
« ses droits, et, avant d'être rendu exécutoire,
« il devrait avoir partout son autorité de chose
« jugée. Seulement, si l'on voulait, en vertu de
« ce jugement, procéder à des voies d'exécution
« contre les biens, le magistrat, sans discuter à
« nouveau la cause au fond, devrait examiner si

« des moyens d'exécution il ne découlerait aucune
« atteinte au droit public de l'État et aux droits
« de la souveraineté territoriale ; 5° Sans accepter
« les distinctions différentes établies par les auteurs
« et sanctionnées par la jurisprudence, il serait
« mieux d'admettre que la capacité du failli,
« modifiée par la loi de son domicile commercial,
« devrait valoir partout, que ces actes et contrats
« aient pour objet ses biens meubles ou immeubles ;
« 6° L'autorité des syndics devrait être considérée
« comme établie par le jugement qui a déclaré la
« faillite ; et avant qu'il soit rendu exécutoire ils
« devraient être admis partout à exercer les fonc-
« tions qui leur sont attribuées par la loi du pays
« où la faillite a été déclarée ; seulement, s'ils
« voulaient employer des voies d'exécution contre
« la personne et contre les biens du failli, il serait
« nécessaire de faire d'abord déclarer exécutoire
« le jugement ; 7° Tous les créanciers indistinc-
« tement, nationaux ou étrangers, devraient pré-
« senter leurs titres, pour la vérification, au siège
« du Tribunal qui a déclaré la faillite. Pour la
« procédure, ils devraient suivre les formes établies
« par cette loi ; pour les contestations, lorsque la
« compétence du Tribunal qui a déclaré la faillite

« pourrait être légitimée, ce Tribunal devrait
« décider au fond et admettre la preuve selon la
« loi du pays où le droit controversé a pris nais-
« sance, et suivre les règles particulières pour
« vider les litiges relatifs au montant de la créance ;
« 8° Le concordat devrait être opposable partout
« contre les créanciers nationaux et étrangers,
« suivant les règles établies par la loi du pays où
« la faillite a été déclarée. Pour cela, il ne devrait
« pas être nécessaire de faire déclarer exécutoire
« le jugement d'homologation, ou de faire homolo-
« guer le concordat par le magistrat local, pourvu
« cependant que l'autorité étrangère qui a homo-
« logué le concordat fût compétente, et que l'acte
« lui-même ne contînt pas de dispositions con-
« traires au droit public du pays où l'on veut faire
« produire au concordat ses effets ; 9° Le privilège
« sur les biens du failli, pourvu qu'il fût acquis
« avant la déclaration de faillite, selon la *lex rei*
« *sitæ*, devrait être respecté, même lorsque les
« choses auraient été ensuite transportées au
« domicile du failli. Le privilège acquis après la
« date du jugement ne devrait pas être valable, et
« une saisie faite après la déclaration de faillite
« ne pourrait conférer aucun droit de préférence ;

« mais le créancier qui voudrait concourir à la
« répartition de l'actif devrait renoncer au pri-
« vilège, si la loi de la situation de la chose le lui
« accordait, et rapporter à la masse ce qu'il aurait
« indûment recouvré au moyen de la saisie ;
« 10° Les hypothèques conventionnelles, légales
« ou judiciaires, acquises selon la *lex rei sitæ*,
« devraient être respectées. Il devrait être permis
« aux créanciers hypothécaires ou d'exercer leurs
« actions sur les immeubles hypothéqués, et, en
« pareil cas, l'excédant devrait être versé dans les
« mains des syndics ; ou si la vente des immeubles
« hypothéqués avait eu lieu par le magistrat
« local, sur commission rogatoire de celui qui a
« déclaré la faillite, les créanciers hypothécaires
« conserveraient toujours sur le prix, qui devrait
« être intégralement versé dans la masse, la prio-
« rité déjà acquise suivant la *lex rei sitæ;* 11° Le
« même Tribunal qui a déclaré la faillite devrait
« être réputé le seul compétent pour déclarer
« excusable le failli, ou pour le réhabiliter, sans
« faire de différence entre les nationaux et les
« étrangers. »

Ces conclusions contiennent les bases de la doctrine de l'universalité de la faillite, telle que

l'adoptent les auteurs que nous avons cités ; ce n'est plus que sur des points de détail, quelque importance qu'ils puissent avoir, qu'il se produit quelque divergence et quelque contradiction entre eux. Tous ces auteurs repoussent absolument la théorie des statuts, théorie qui a servi de base commune à tous les adversaires de l'universalité de la faillite ; toutefois, il faut en excepter M. Norsa, qui, suivant en cela Rocco, admet en thèse générale que la matière de la faillite se rapporte au statut réel, « seule thèse rationelle et « conforme à la nature juridique de la faillite. » Quant aux principes sur lesquels on pourrait baser les règles nouvelles, ces auteurs ont été d'accord pour les chercher dans la nature particulière de la faillite, qui est nécessairement universelle, consistant en une exécution du débiteur dans l'intérêt de tous les créanciers et dans le caractère général des opérations commerciales ; mais ils sont en désaccord relativement au cas où le failli possède des biens dans deux pays différents.

MM. Carle et Dubois distinguent le cas où le même commerçant est associé dans des établissements distincts, situés dans des pays différents, et celui où, soit le même individu, soit la même

Société, a ouvert deux établissements dans des États indépendants l'un de l'autre ; ils se voient obligés, dans le premier cas, d'admettre la pluralité de juridiction ; mais, dans le second cas, ils maintiennent toujours l'universalité de la faillite et, en conséquence, l'unité de juridiction.

M. Norsa, au contraire, qui, sur ce point, se rallie à l'opinion développée par M. Fiore, distingue si ces établissements constituent ou non une seule maison de commerce, en admettant, dans le premier cas, l'universalité de la faillite, il soutient que, dans la seconde hypothèse, il doit y avoir autant de faillites que d'établissements distincts situés sur des territoires différents ; il veut ainsi combiner et harmoniser l'universalité de faillite avec le statut réel à appliquer : « Le principe « éminent de l'indépendance des diverses souve- « rainetés nationales, dit-il, la nécessité de con- « server la vie de l'État et de protéger les intérêts « de ses sujets, limitent ici la règle qui garantit le « citoyen d'un autre État dans l'exercice de ses « droits, et c'est le droit public de l'État qui pose « cette limite entre les deux existences, l'une « internationale, l'autre interne. La doctrine a « donc admis que, lorsqu'un même négociant

« a deux maisons dans deux États différents, la
« déclaration de faillite de l'une ne peut avoir
« effet sur l'autre. Cette règle est conforme à la
« nature des choses, car le manque d'équilibre
« survenu dans un établissement commercial crée
« un nouvel ordre de rapports juridiques avec
« tous les intéressés, et il ne serait pas juste que
« ce nouvel état, particulier à l'un des établisse-
« ments, influât sur les destinées de l'autre.
« Le fait accidentel que tous deux sont repré-
« sentés par une même personne, ne suffit pas
« pour confondre leur sort, pour rendre les débi-
« teurs ou les créanciers de l'être vivant respecti-
« vement débiteurs ou créanciers de l'être dis-
« sous. Pour ce qui concerne la personne même
« du commerçant, les rapports sont distincts, sui-
« vant qu'il a agi en qualité de représentant de
« l'une ou de l'autre maison. Ainsi le caractère
« d'universalité de la faillite n'est nullement
« diminué par là, puisque, sans distinction de
« lieu, tout ce qui tient à la maison faillie est
« attiré dans son orbite, l'autre être représenté par
« le failli demeurant debout au milieu des ruines,
« comme ferait tout établissement représenté par
« une autre personne. Mais, s'il est vrai que la

« déclaration de faillite ne puisse pas avoir pour
« effet de faire entrer dans la masse créancière les
« créanciers d'un établissement distinct, bien que
« représenté par le même failli, il est clair
« que réciproquement les intéressés et les débi-
« teurs de cet autre établissement ne doivent pas
« entrer dans l'actif de la maison faillie. Ainsi le
« jugement qui déclare la faillite d'une maison de
« commerce ne frappe pas à l'étranger la maison
« de commerce gérée sous une forme distincte par
« le même négociant, alors même qu'on parvien-
« drait à faire déclarer le jugement exécutoire
« dans cet autre pays; il faut, dans ce dernier cas,
« une déclaration spéciale de faillite. » Cette solution est adoptée par la jurisprudence italienne,
comme nous aurons occasion de le voir.

Ces divergences se font encore sentir dans la
matière du concordat. M. Dubois, suivant en cela
la première opinion de M. Fiore, opinion sur
laquelle cet illustre auteur est revenu, est aujour-
d'hui le seul à soutenir que : « Si le concordat
« conclu à l'étranger a été dûment homologué par
« le juge de la faillite, seul compétent à cet effet,
« il peut en tout lieu être opposé par voie d'excep-
« tion à tout créancier, en vertu de l'autorité du

« jugement d'homologation et sans aucun *exequatur*
« préalable, pas plus du jugement déclaratif de
« faillite que du jugement d'homologation lui-
« même. » Toutefois, il regarde l'*exequatur* comme
indispensable, dans le cas où on s'appuierait sur
ce concordat pour réclamer le droit de procéder
à des actes d'exécution proprement dite, tels que
la saisie et la vente de biens.

M. CARLE prétend au contraire que le concordat
est une véritable convention et qu'en conséquence
le failli concordataire est recevable à l'opposer par
voie d'exception aux créanciers étrangers qui y ont
adhéré, sans qu'il soit nécessaire de rendre exécutoire la décision étrangère; il exige toutefois
l'*exequatur* pour le jugement déclaratif de faillite,
s'il s'agit d'opposer ce concordat aux créanciers
qui n'y ont pas pris part ou ont refusé d'y adhérer.
« A première vue, ajoute-t-il, il semble inadmis-
« sible qu'une homologation étrangère puisse
« obliger des créanciers d'un autre État qui n'ont
« pas consenti au concordat. Toutefois, si l'on
« considère que les créanciers étrangers eux-
« mêmes doivent subir la juridiction du failli, que
« seul le Tribunal de la faillite surveille les opéra-
« tions par l'intermédiaire du juge-commissaire,

« qu'il est ainsi le seul dans le cas de juger si
« l'homologation doit être accordée ou refusée,
« qu'enfin le créancier étranger peut, devant ce
« Tribunal, faire opposition au concordat et en
« demander la résolution ou l'annulation, on
« pourra conclure avec raison qu'une fois le juge-
« ment déclaratif de faillite rendu exécutoire dans
« les États où il s'agit de procéder à quelque acte
« d'exécution, tous les jugements postérieurs qui
« ne font autre chose que certifier les résultats
« des opérations de la faillite, et parmi eux celui
« qui homologue le concordat, n'ont plus besoin
« d'être rendus exécutoires. »

Enfin, plus récemment encore, en 1877,
M. RIPERT, alors professeur agrégé à la Faculté
de droit de Rennes, actuellement à la Faculté de
droit de Paris, s'est occupé de la question de la
faillite en droit international, dans un article de
la *Revue critique de législation et de jurisprudence*
(T. VI, année 1877, p. 705-785). Cet auteur rejette
absolument, avec raison, selon nous, le principe
de l'unité et de l'universalité de la faillite ; toutefois, suivant l'ordonnance de 1629, il reconnaît
aux jugements étrangers, qui ne sont pas rendus
contre des Français, l'autorité de la chose jugée

en France, et, logiquement, il permet aux syndics d'une faillite étrangère, nommés par un jugement étranger, d'exercer en France les actions du failli. Puis, considérant comme non établie cette proposition que la distinction des statuts n'est pas applicable en matière de commerce, pensant avoir établi au contraire que la loi sur les faillites appartient au statut réel, il décide qu'en principe la faillite déclarée à l'étranger n'embrasse pas tous les biens du failli situés en France et il distingue suivant que le failli possède des immeubles ou des meubles; il ajoute que les immeubles, dont le failli est propriétaire en France, échappent à la faillite déclarée en pays étranger, et qu'il faudrait, pour les atteindre, une seconde faillite prononcée en France; au contraire, pour les meubles, il arrive à demander l'application absolue de la déclaration de faillite prononcée à l'étranger : « Cette manière « de voir, dit-il, d'ailleurs, conduit à peu près aux « mêmes résultats pratiques que le principe de « l'universalité de la faillite. L'actif d'une maison « de commerce étant presque toujours mobilier, « étendre la faillite aux meubles revient en réalité « à l'étendre à la totalité du patrimoine. »

Nous avons ainsi terminé cette revue de la doctrine ; de tout ce qui précède, nous pouvons conclure que, si quelques auteurs dont nous ne contestons ni le mérite, ni l'importance, ont admis l'unité de faillite dans les rapports internationaux, la doctrine est en général fort éloignée de se rattacher à ces idées nouvelles.

CHAPITRE III.

Nous venons de voir que la plupart des auteurs rejettent l'idée d'une faillite unique et universelle en droit international ; que ceux-là même qui soutiennent cette idée la présentent plutôt comme un désir à réaliser que comme un fait accompli. Nous constaterons, de plus, qu'à l'exception peut-être des Cours italiennes, la jurisprudence générale se trouve d'accord avec la doctrine pour rejeter les mêmes principes. Nous avons en outre à dire un mot des arguments qu'on peut invoquer pour combattre et rejeter cette théorie, si séduisante, au premier abord, par les résultats qu'elle obtient, en sachant toutefois demeurer fidèle à l'universalité, dans toutes les applications qu'on peut en faire.

La théorie d'universalité est d'abord obligée de reconnaître aux jugements étrangers l'autorité de la chose jugée sur un autre territoire et nous avons développé précédemment toutes les raisons qui nous ont déterminé à leur refuser cette autorité, raisons sur lesquelles nous ne croyons point devoir revenir.

Nous ne parlerons pas des considérations générales qu'elle nous présente sur le caractère du commerce et sur les bonnes relations des États entre eux ; nous ne nierons aucunement l'utilité qu'aurait l'adoption d'une telle doctrine ; au point de vue purement théorique, nous sommes d'accord avec les auteurs qui la soutiennent ; ce n'est qu'au point de vue pratique que nous les combattons ; nous nions seulement que, dans l'état actuel de ces relations internationales, il soit possible de l'admettre, autrement que dans des conventions particulières et spéciales.

Mais, quant aux raisons juridiques, dont se targue cette théorie, quant aux critiques, par exemple, qu'elle prodigue à la doctrine des statuts, nous ne croyons aucunement qu'elles soient justifiées, et nous allons essayer de le démontrer.

Tout en refusant d'étendre trop cette doctrine, tout en admettant qu'à la vérité il est des lois, comme celles de police et de sûreté générale, qui ne rentrent ni dans le statut réel, ni dans le statut personnel, tout en concédant que l'on peut raisonnablement soutenir que la loi relative à la faillite n'est pas plus territoriale que personnelle et que, conséquemment, elle doit se trouver régie par d'autres principes que ceux de l'article 3 de notre Code civil, nous soutenons hautement que la distinction des statuts n'a rien d'arbitraire, mais qu'au contraire elle est exigée par la nature même des choses. Il y a, en effet, par le fait même, des lois qui tendent à régler l'état des personnes et leur capacité et des lois qui ont pour objet de déterminer la condition juridique des biens ; il est impossible de ne pas faire une distinction, et il est impossible d'en trouver une plus rationnelle que celle des statuts.

Nous croyons utile de reproduire ici un passage de l'article précité de M. Ripert, qui nous semble fort bien répondre aux critiques des adversaires de cette distinction : « On objecte, dit-il, que la dis-« tinction des statuts n'est pas applicable en « matière de commerce. Je réponds que c'est là « une proposition qui aurait besoin d'être démon-« trée. En législation, on peut désirer que chaque « pays permette, dans l'étendue de son territoire,

« l'application des lois étrangères ; on peut même
« aller jusqu'à souhaiter, quoique cette conception
« soit plus discutable, la rédaction d'un Code de
« commerce commun à tous les pays. Quant à
« soutenir que, de nos jours, en droit, les lois
« commerciales ne connaissent point de frontières,
« c'est là une entreprise à tout le moins hasardée.
« Sans doute, même d'après notre législation, les
« commerçants étrangers possèdent en France un
« privilège, ils sont plus facilement que les autres
« étrangers admis à la jouissance de certains droits
« civils consacrés par la loi française : témoin
« l'article 10 du Code civil ; témoin aussi la juris-
« prudence qui admet la compétence de nos
« Tribunaux pour connaître des contestations com-
« merciales survenues entre étrangers. Mais nulle
« part il n'est dit que des commerçants seront
« recevables à se réclamer en France de leur loi
« nationale en dehors des termes du droit commun.
« Du reste, s'il fallait directement prouver que la
« théorie des statuts n'est pas étrangère aux
« matières commerciales, nous pourrions tirer
« argument de la place qu'occupe l'article qui la
« consacre. Cet article figure dans le titre prélimi-
« naire du Code civil. Or, il a été entendu que les

« dispositions du titre préliminaire auraient une
« portée générale, qu'elles s'appliqueraient à toutes
« les lois, quel qu'en soit l'objet, et qu'elles for-
« meraient, suivant le mot de l'un des rédacteurs,
« *comme le péristyle de la législation française.* »
(FENET, T. VI, p. 17.

De plus, nous n'avons aucunement l'intention de
nier que le but de l'institution de la faillite n'ait été
de protéger le commerce et d'assurer le crédit ; nous
soutenons seulement que ce n'est pas là son but
immédiat et direct, elle en a un autre, plus important encore : la sauvegarde des intérêts des créanciers du failli et leur égalité complète dans le partage de tous les biens du débiteur. Tout en elle a
concouru à ce but et ce n'est que pour y parvenir
qu'elle a dû frapper le failli d'une incapacité personnelle. On doit en conclure que son objet prédominant a été le patrimoine du débiteur, elle est en
elle-même un mode d'exécution offert aux créanciers qui n'ont pas reçu satisfaction, une sorte de
bonorum venditio, avec cette seule différence qu'elle
ne concerne pas seulement le patrimoine actuel
du débiteur, mais qu'elle porte aussi sur ses biens
à venir. Il nous semble alors qu'il est bien conforme à la raison et à la logique de décider que les

lois qui s'occupent de la faillite font partie du statut réel.

Ce sont toutes ces raisons accumulées qui nous portent à rejeter définitivement les principes nouvellement proclamés en matière de faillite internationale. Partant de ce point de vue, nous allons maintenant examiner chacun des points importants de la procédure de faillite et nous efforcer de les trancher conformément à la doctrine que nous admettons avec la jurisprudence française.

CHAPITRE IV.

—

L'article 438 de notre Code de commerce est
ainsi conçu dans son premier alinéa : « Tout failli
« sera tenu, dans les trois jours de la cessation de
« ses paiements, d'en faire la déclaration au greffe
« du Tribunal de commerce de son domicile » ;
cette compétence est aussi établie par les termes
suivants de l'alinéa septième de l'article 59 de
notre Code de procédure civile : « Le débiteur
« sera assigné. . . . . en matière de faillite, devant
« le juge *du domicile du failli.* » Ce domicile est
fixé par le Code civil ; c'est le lieu où le failli a
son principal établissement ; ce n'est pas seulement
la compétence que déterminent les articles que
nous venons de citer, c'est aussi l'unité de juridiction à ce Tribunal compétent qu'ils proclament.
On a voulu étendre ce principe aux faillites déclarées à l'étranger et l'on a dit : Le Tribunal com-

pétent est toujours celui où le failli a son domicile
et son principal établissement, sans qu'il y ait à
avoir égard à la nationalité du failli ou de ses
créanciers, à la situation des biens ou au nombre
de ses établissements.

La jurisprudence française a constamment refusé
d'étendre aux faillites étrangères ce principe de
l'unité de juridiction au Tribunal du domicile du
failli. C'est ainsi qu'elle a décidé que l'article 59,
§ 7, C. pr., ne réglait qu'une question de compétence entre les Tribunaux français et ne saurait
être considérée comme ayant dérogé à la disposition générale de l'article 14 du Code civil, pour
le cas où il s'agirait de faire condamner une
Société étrangère tombée en faillite ou mise en
liquidation à exécuter des obligations contractées
envers un Français (Req. 12 novembre 1872,
confirmant un arrêt d'Aix, 28 août 1871, D. P. 74,
1, 108); cet arrêt se basait sur l'article 14 du
Code civil permettant à un Français d'assigner en
France son débiteur étranger, même n'y résidant
pas. Beaucoup d'autres arrêts se sont conformés
à cette théorie ; nous citerons : Lyon, 24 avril 1850.
D. P. 54, 2, 119. — Aix, 15 mars 1870. D. P. 70,
2, 204. — Paris, 7 mars 1878. S. 70, 2, 104.

Précédemment, la Cour de cassation (Req. 30 novembre 1868, D. P. 69, 1, 104), se fondant sur ce que « la faillite crée une situation indivi- « sible, qui ne permet à aucun Tribunal autre « que celui devant lequel existe la faillite, d'inter- « venir pour régler les droits des divers inté- « ressés, » avait déclaré l'incompétence du juge français pour fixer la somme revenant aux créan- ciers d'une faillite déclarée et liquidée sur un territoire étranger, même sur des deniers saisis-arrêtés en France, alors qu'il s'agissait de créances nées de conventions conclues et réa- lisées en France ; en conséquence, elle décidait que la saisie-arrêt de ces deniers n'était pas un obstacle à leur versement entre les mains des syndics étrangers, attendu que les Tribunaux français ne pouvaient en prononcer l'attribution aux saisissants, même jusqu'à concurrence du dividende afférent à leurs créances. Cette décision de la Cour, qu'on a essayé de mettre en contra- diction avec les décisions précédemment citées, n'en diffère que pour la cause suivante : alors que, dans les autres cas, le fait de la faillite, invoqué pour décliner la juridiction du Tribunal français, n'existait qu'à l'état de simple affirmation sans être aucunement prouvé par les documents présentés au Tribunal, ici les demandeurs en cassation avaient formellement reconnu la faillite étrangère en y produisant et en poursuivant en France, non pas le failli lui-même, mais les syndics étrangers qui le représentaient. C'est la même raison qui a déterminé un arrêt de la Cour de Bordeaux du 5 février 1877.

Nous ne voulons pas clore cette analyse, sans parler d'un arrêt de la Cour de Nancy, du 8 mai 1875 (*Journal de droit international privé*, 1877, p. 144); cet arrêt a admis qu'une Société commerciale doit être déclarée en faillite là où elle possède son principal établissement, et non dans le lieu où ses statuts n'ont indiqué qu'un siège nominal; qu'en cas de faillite déclarée en cet endroit (Namur), il y a lieu d'adjoindre le syndic étranger au syndic français.

Les développements que nous venons de présenter nous obligent à donner notre approbation à la jurisprudence française à ce sujet; l'article 14 du Code civil décidant qu'un étranger, même non résidant en France, peut être cité devant les Tribunaux français pour l'exécution des engagements qu'il a contractés envers un Français, nous allons étudier séparément chacun des aspects sous lesquels apparaît cette question.

Nous admettrons, avec la plupart des auteurs, qu'un Tribunal français peut déclarer en faillite un étranger, soit que, conformément à l'article 13 du Code civil, il ait obtenu de fixer son domicile en France, soit que, sans être muni de cette autorisation, il y ait sa résidence et son principal établissement. Il ne s'agit pas ici, en effet, du statut personnel de cet étranger, bien au contraire, la loi sur les faillites est une loi de police et d'ordre public, qui atteint toutes les personnes résidant sur le territoire et y exerçant le commerce, alors même qu'elles sont étrangères. C'est pour cela que nous croyons pouvoir appliquer aux étrangers les lois qui régissent les banqueroutes et même celles qui règlent les faillites; ces lois ont, en effet, pour objet prédominant de protéger les droits des créanciers contre un débiteur insolvable, et ce caractère, que nous leur reconnaissons, doit empêcher qu'on déroge à leurs prescriptions. D'ailleurs, l'article 437 de notre Code de commerce ne fait aucune distinction, en parlant de *tout commerçant*.

Les mêmes raisons nous portent à décider que

l'étranger dont il est ici question peut faire prononcer sa propre faillite sur sa requête, nous ne pouvons en réalité pas nous contenter des faibles arguments qu'on a opposés à cette décision ; l'étranger, a-t-on allégué, ne pouvant, en France, être frappé comme failli par certaines dispositions rigoureuses de la loi de faillite, comme, par exemple, des incapacités politiques, ne saurait y trouver un droit, lequel doit être corrélatif à la peine ; il peut être déclaré en faillite à la requête de ses créanciers, mais non sur sa propre demande ; nous le répétons, ce raisonnement, qu'on s'efforce de baser sur l'article 11 du Code civil, ne saurait aucunement nous séduire.

Logiquement, nous devons trancher de même la réciproque et soutenir que le Tribunal étranger est compétent pour déclarer la faillite d'un commerçant français établi à l'étranger ; en outre des raisons déjà données, l'article 15 du décret organique du 2 février 1852 pour l'élection des députés, visé par la loi du 30 novembre 1875, nous semble l'admettre expressément : « Ne doivent pas « être inscrits sur les listes électorales . . . . . . « les faillis non réhabilités, dont la faillite a été « déclarée, soit par des Tribunaux français, soit

« par des jugements rendus à l'étranger, mais
« exécutoires en France. »

Nous ne pouvons pas aller plus loin dans cette
voie, et, tout en rejetant la distinction entre étrangers et nationaux, qu'on a encore voulu faire ici,
nous n'admettons pas que la faillite prononcée en
pays étranger fasse obstacle à des poursuites individuelles que des créanciers voudraient exercer en
France sur les biens de leur débiteur ; nous n'admettons pas non plus que le jugement étranger
déclarant la faillite d'un Français établi à l'étranger
soit opposable en France à des créanciers français, du moins en règle générale. Nous aurons
à examiner ces points dans un de nos prochains
chapitres.

CHAPITRE V.

EFFETS DE LA DÉCLARATION DE FAILLITE.

Nous avons examiné plus haut la question de la
force des jugements étrangers en dehors du territoire où ils ont été rendus et nous avons indiqué
quelle était notre opinion personnelle à ce sujet.
Nous n'y reviendrons pas et nous allons examiner
seulement l'effet du jugement étranger déclaratif
de faillite, matière que nous diviserons en trois
sections :

1° Capacité du failli et saisissement ;

2° Nomination et pouvoirs des syndics ;

3° Droits des créanciers.

SECTION Ire.

CAPACITÉ DU FAILLI ET DESSAISISSEMENT.

Suivant les principes que nous avons adoptés,
et notamment la théorie des statuts, nous sommes

contraints de faire une distinction importante entre les diverses incapacités dont peut être atteint le débiteur failli. Nous adoptons l'avis de M. MASSÉ, à savoir que le failli sera considéré comme incapable, relativement à tous les actes à l'égard desquels sa loi nationale des faillites le frappe d'une incapacité personnelle ; on lui retirera la jouissance de ses droits civils, on lui refusera, en France par exemple, le droit d'admission à l'escompte de la Banque de France et l'entrée à la Bourse, en un mot tous les droits sans exception qui se trouvent régis par le statut personnel. Mais, quant aux actes que la loi de faillites interdit au failli par rapport à son patrimoine et dans l'intérêt exclusif des créanciers qui n'ont pas reçu satisfaction, nous pensons qu'il faudra décider leur soumission au statut réel seul; le débiteur ne sera donc frappé d'aucune incapacité par le jugement étranger déclaratif de faillite, relativement à la vente de ses biens situés sur un autre territoire; il en sera de même pour les priviléges et hypothèques, qu'il pourra conférer. Nous ne nions pas toutefois les inconvénients de cette opinion, qui, en fait, pourra aboutir à des actes frauduleux de la part du failli ; mais nous ne croyons pas l'opinion contraire conforme aux principes.

Nous regardons aussi comme nécessaire de distinguer entre les immeubles et les meubles du débiteur déclaré en faillite par un Tribunal étranger. Quant aux premiers, suivant le statut réel, le régime de la faillite ne peut aucunement les atteindre, sauf si elle est prononcée postérieurement par le Tribunal de leur situation, conformément à la loi du pays. Aux seconds, conformément au statut personnel, nous appliquerons la faillite d'une manière complète et absolue, à la condition toutefois que le jugement étranger déclaratif aura été revêtu d'un *exequatur*, émanant du Tribunal de la situation, après examen du fond ; nous nous refuserons cependant à distinguer suivant que le débiteur failli est étranger ou non et suivant que la déclaration de faillite est invoquée contre des étrangers ou des nationaux. Nous reconnaissons aussi aux créanciers nationaux le droit exceptionnel de se faire indemniser du préjudice que leur cause le jugement étranger, sur les biens que le failli aurait sur le territoire de leur pays, étendant à cette matière les principes appliqués aux successions par l'article 2 de la loi française du 14 juillet 1819.

Enfin, quant au dessaisissement, nous pensons avec M. DEMANGEAT, que l'étranger déclaré en faillite à l'étranger ne le subit pas, relativement à ses immeubles situés en France, tant que le jugement déclaratif n'y a pas été rendu exécutoire. L'article 490 *in fine* de notre Code de commerce exige, en effet, que l'on prenne une inscription sur les immeubles du failli, pour avertir les tiers du risque qu'ils courent, en contractant avec lui. Or les articles 2123 de notre Code civil et 540 de notre Code de procédure ne permettent de prendre cette inscription qu'après que le jugement étranger a été, en France, revêtu de l'*exequatur*; et il est reconnu qu'on ne peut opposer aux tiers qui contractent avec un incapable, une incapacité qu'ils se sont trouvés dans l'impossibilité de connaître.

Telle est, croyons-nous, la seule application logique et possible des principes, sur la question de l'incapacité et du dessaisissement du débiteur failli à l'étranger.

A fortiori, appliquerons-nous les mêmes idées quand le failli n'a pas seulement des biens dans des pays différents, mais deux établissements de commerce; ainsi, au cas où l'étranger n'aurait en France qu'une succursale, le Tribunal du lieu de cette succursale pourrait très bien, à notre avis, le déclarer en faillite, pour sauvegarder les intérêts de ses créanciers français.

Nous rappellerons ici un arrêt de la Cour de Bruxelles du 6 juin 1810, que MERLIN rapporte et qui fixe bien les principes :

John et Georges Outhwaites, frères, avaient deux maisons de commerce, l'une à Londres, l'autre à Anvers, la première sous le nom d'Outhwaites et Schipp, la seconde sous le nom d'Outhwaites et Cⁱᵉ. Celle-ci était gérée par Georges Fergusson. La maison de Londres ayant été déclarée en faillite, Savage et Deacon sont nommés syndics ou gérants de la masse, chargés d'administrer et de recouvrer l'actif de la faillite, et aussitôt ils demandent à Fergusson de leur rendre compte de l'état des affaires de la maison d'Anvers. Mais Fergusson conteste leur qualité, soit parce que le jugement déclaratif, rendu à Londres, n'est pas exécutoire à Anvers, soit parce que l'établissement de Londres est distinct de celui d'Anvers, de telle sorte que la faillite du premier n'entraîne pas la faillite du second, qui ne peut se trouver soumis au même régime que par une déclaration particulière. Ce

système, repoussé en première instance par le
Tribunal de commerce d'Anvers, fut accueilli en
appel par la Cour supérieure de Bruxelles :
« Attendu que, bien que la maison de commerce
de John et Georges Outhwaites, établie à Londres
sous la raison d'Outhwaites et Schipp, soit déclarée
être en état de faillite, il ne s'ensuit nullement
que leur autre maison de commerce, établie à
Anvers, sous la raison de commerce d'Outhwaites
et Cie, soit ainsi en état de faillite ; et, qu'en tout
cas, il n'appartiendrait à aucun autre juge que le
Tribunal de commerce d'Anvers, de connaître de
l'état de cette maison, comme étant immédiatement et exclusivement soumise, sous ce rapport,
à sa juridiction, d'en déclarer et fixer la faillite, le
cas échéant ; d'y établir des syndics ; d'y statuer
et pourvoir de la manière prescrite par le Code
de commerce. »

SECTION II.

NOMINATION ET POUVOIRS DES SYNDICS.

Bien que nous refusions, en thèse générale,
tout effet au jugement étranger déclaratif de
faillite, jusqu'à ce qu'il ait été revêtu de *l'exe-*

quatur, nous pensons qu'on doit reconnaître en France la nomination des syndics, faite à l'étranger, et leur accorder tous les pouvoirs qui n'ont pas trait à l'exécution du jugement.

On a pu voir déjà que la jurisprudence, en général et malgré quelques hésitations, était conforme à ce point de vue ; il est vrai qu'elle a parfois appuyé ses décisions sur quelques arguments que nous ne saurions admettre.

Ainsi, la jurisprudence belge, comme nous le verrons, soutient que le jugement déclaratif de faillite a un double caractère ; qu'en premier lieu, c'est un jugement susceptible d'exécution forcée, permettant de réaliser le patrimoine du débiteur ; qu'en second lieu, il modifie la capacité du failli, fait partie du statut personnel et doit être considéré comme un jugement constitutif d'état, dessaisissant le débiteur, parmi d'autres incapacités, de l'administration de ses biens ; qu'au premier point de vue, il est régi par les mêmes règles que les jugements ordinaires et ne peut avoir d'effet dans un pays qu'après avoir été déclaré exécutoire par les Tribunaux de ce pays ; qu'au second point de vue, au contraire, comme une règle de statut personnel, il doit être tout aussi efficace à l'étranger que sur le territoire où il a été prononcé. Cette doctrine nous semble contraire au caractère qu'on reconnaît à la faillite, à savoir la conservation et le partage égal des biens du failli dans l'intérêt unique des créanciers, ce qui appartient sans contredit au statut réel.

En rejetant ce raisonnement, la jurisprudence française a été mieux inspirée, croyons-nous ; examinons maintenant la valeur de ses motifs.

Il est nécessaire, avant tout, d'écarter une hypothèse, celle où la personne poursuivie a implicitement reconnu l'existence de la faillite prononcée à l'étranger, par exemple, par la production de titres constatant sa qualité de créancier. Dans ce cas, on ne viole aucune loi, en faisant subir à cette personne les conséquences d'un état de faillite accepté et même invoqué par elle, en la déclarant non recevable à contester la qualité et les pouvoirs des syndics.

La jurisprudence ne soutient pas, en effet, que le jugement étranger déclaratif de faillite soit en France absolument destitué de tout effet, avant qu'il ait été déclaré exécutoire. Elle a notamment reconnu qu'il ne pouvait en être ainsi quand la personne poursuivie avait admis la déclaration de faillite étrangère, par exemple en y produisant ses titres en qualité de créancier; c'est ce qu'a établi, à la suite de l'arrêt déjà cité, de la Cour de cassation du 30 novembre 1868, un jugement du Tribunal civil de la Seine du 24 avril 1875 (*Journal de droit international privé*, 1876, p. 181) suivant lequel, par suite de l'indivisibilité qui relie entre eux tous les actes et toutes les conséquences d'une faillite, il n'appartient pas aux Tribunaux français de connaître de l'étendue des droits d'un créancier, même Français, contre la faillite d'un commerçant étranger (domicilié à Leipzig).

Un arrêt de la Cour de Rennes du 19 février 1879 (D. 79, 2, 65) a jugé encore que la tierce opposition à un jugement rendant exécutoire en France une déclaration de faillite prononcée à l'étranger est non recevable, soit de la part dn créancier qui a produit à la faillite en pays étranger et touché une somme à titre de dividende dans la même faillite, soit du créancier qui, intervenant en France dans une instance en partage, où figurait aussi comme intervenant le syndic de la faillite, n'a contesté ni l'état de la faillite, ni la qualité du syndic, ni la validité du jugement *d'exequatur*.

Remarquons qu'il n'en est ainsi que si la sou-

mission à la loi étrangère est volontaire, mais
non lorsqu'elle est forcée, par suite de la déclaration de faillite prononcée à l'étranger, à la
requête du débiteur ; c'est en ce sens que se
sont prononcés les arrêts suivants : Bordeaux,
2 juin 1874, déjà visé ; Req. 28 février 1877,
(D. P. 77, 1, 474) et 9 décembre 1878 (D. P. 79, 1, 176).

En dehors de l'hypothèse précitée, nous admettons encore qu'à défaut d'*exequatur*, les syndics
peuvent exercer leurs pouvoirs sur un territoire
étranger, ayant qualité pour y accomplir tous les
mêmes actes, en principe, que ceux qui leur sont
permis dans le pays de la déclaration de faillite ;
en nous basant sur ce qu'ils représentent le failli,
nous les autorisons par exemple à faire à l'étranger
tous actes conservatoires des droits de la masse
des créanciers, c'est-à-dire à poursuivre le paiement
des créances du failli et à vendre ses biens situés
à l'étranger.

Et que l'on ne vienne pas soutenir que nous
réclamons ainsi l'exécution du jugement étranger
déclaratif de la faillite ; le mot *exécution* est, en
cette matière, pris dans le sens restreint d'exécution imposée à un débiteur récalcitrant à l'aide de
la force publique, ce qui résulte des motifs de

l'article 546 du Code de procédure civile ; cet article, en effet, a exigé l'*exequatur* pour l'exécution des jugements étrangers, parce qu'ils ne peuvent contenir d'ordre intimé aux agents de la force publique par le chef du Pouvoir exécutif.

Nous ne sommes pas non plus en contradiction avec notre refus de reconnaître aux décisions étrangères l'autorité de la chose jugée ; si nous admettons les syndics à exercer leurs pouvoirs à l'étranger, c'est qu'avec un grande partie de la jurisprudence, nous reconnaissons la déclaration de faillite comme un acte de juridiction volontaire et les syndics comme de purs mandataires du failli ou des créanciers, leur nomination par jugement étant, à nos yeux, aussi authentique et aussi régulière qu'une procuration ordinaire, à laquelle personne ne refuse autorité à l'étranger. Certes, nous ne pensons pas que cette assimilation du jugement déclaratif de faillite et du mandat soit absolument incontestable et toujours suffisante pour le but à atteindre, puisqu'il laisse au pouvoir de chaque créancier de récuser l'autorité du jugement et, par cela même, de contester le mandat du syndic, ce qui reste toujours possible, tant qu'une déclaration d'*exequatur* n'est pas intervenue. Mais nous sommes obligé de nous ranger à cette idée, puisque nous croyons indispensable, tout en refusant aux jugements étrangers la force de chose jugée, de faire produire quelque effet à la nomination des syndics, sans que le jugement déclaratif de faillite ait été rendu exécutoire.

On a décidé, en effet, qu'indépendamment de *l'exequatur*, le fait de faillite et l'époque de l'ouverture, constatés par un jugement rendu en pays étranger, devaient être tenus pour constants par les Tribunaux jusqu'à preuve contraire (Bordeaux, 10 février 1824, et Aix, 8 juillet 1840); que les Tribunaux français pouvaient reconnaître l'état de faillite d'un individu résultant de la déclaration d'un Tribunal étranger, sans que ce fût là attribuer force exécutoire en France à des actes émanés d'une juridiction étrangère (Bordeaux, 22 décembre 1847); que la qualité de syndic n'étant pas contestée, les Tribunaux français, alors même que le jugement déclaratif de faillite n'aurait pas été déclaré exécutoire en France, devaient tenir pour constants le fait de la faillite, le mandat en vertu duquel le syndic représente le failli et le droit pour ce syndic d'exercer les actions judiciaires appartenant au failli (Paris, 28 mars 1873;

Tribunal civil de la Seine, 29 mai 1873; *Journal de Droit international privé*, 1875, p. 18).

C'est en considérant le jugement étranger déclaratif de faillite comme un acte de juridiction volontaire et les syndics comme des mandataires du failli ou des créanciers, mais non en reconnaissant au jugement étranger la force de chose jugée, que les Tribunaux ont reconnu ce droit aux syndics, *quand le fait n'est pas contesté devant les Tribunaux français;* on peut dire que c'est la doctrine constamment consacrée par la jurisprudence (Colmar, 10 février 1864, S. 64, 2, 122; — Paris, 23 mars 1868 et Cassation, 21 juin 1870, D. P. 71, 1, 204; — Tribunal civil de la Seine, 5 février 1870, et Paris, 22 février 1872, D. P. 72, 2, 107; — Paris, 14 décembre 1875; S. 76, 2, 70; — Tribunal civil de la Seine, 19 janvier 1876. *Journal de Droit international privé*, 1877, p. 145; — Paris, 20 janvier 1877, D. P. 77, 2, 67; — Paris, 21 décembre 1878. *Journal de Droit international privé*, 1878).

Un arrêt tout récent de la Cour de Paris, du 28 février 1881 (*Droit* du 16 mars 1881), a adopté les mêmes règles, en décidant qu'il n'appartient pas aux Tribunaux français de réviser les décisions des Tribunaux étrangers (belges), qui ont déclaré une Société belge et non anglaise et en ont prononcé la faillite ; que conséquemment les curateurs ou syndics sont légitimement investis de leurs pouvoirs par ces décisions ; que les curateurs ou syndics représentent non-seulement le failli, mais encore la masse passive ; qu'ils peuvent exercer les droits des créanciers du failli et que peu importe que le failli soit une Société qui serait radicalement nulle ; qu'ils agissent pour l'exercice des droits de la masse active ou de la masse passive, comme le ferait le failli s'il était encore *in bonis ;* qu'ils n'ont pas besoin, en conséquence, de demander en France l'*exequatur* du jugement déclaratif de faillite, qui d'ailleurs constate exclusivement le fait de l'insolvabilité.

Ces principes sont fortement établis par la jurisprudence, quoiqu'on ait voulu prétendre qu'elle s'en était écartée dans deux jugements du Tribunal de commerce et du Tribunal civil de la Seine, rendus dans l'affaire Hoffmann et Cⁱᵉ. Voici en peu de mots les faits très simples qui ont motivé ces jugements et que nous empruntons à M. Ripert :

Une Société anglaise, la Société Hoffmann

et Cie, a une maison de commerce à Londres et des succursales dans diverses villes étrangères, notamment à Paris et à Milan. Par arrêt de la Cour des faillites de Londres, du 21 mars 1876, elle est déclarée en faillite et pourvue d'un *truslee* ou syndic. Quelques jours après, ne tenant pas compte de ce jugement, un créancier français poursuit la succursale de Paris et en fait prononcer la faillite, par décision du Tribunal de commerce de la Seine. Le syndic anglais, pensant que la faillite de la maison principale embrasse virtuellement celle des succursales, forme tierce-opposition à ce jugement et demande le rapport de la faillite ouverte devant la justice française. A sa demande une double fin de non-recevoir est opposée. On lui objecte que, nommé par un jugement qui n'a pas été revêtu de l'*exequatur* en France, il n'a pas, aux yeux de la loi française, la qualité de syndic, et qu'en tous cas, il n'est point recevable à exercer les actions de cette faillite. De ces deux fins de non-recevoir, la dernière au moins paraît fondée au Tribunal de commerce, qui, par jugement du 13 octobre 1876, repousse la demande en tierce-opposition. Battu de ce côté, le syndic anglais s'adresse alors au Tribunal civil

de la Seine et lui demande de déclarer exécutoire
le jugement de la Cour des faillites de Londres.
Ici encore sa prétention est rejetée. Un jugement
du 26 juillet 1877 lui répond que l'ordre public
français est intéressé à ce que les créanciers
puissent poursuivre en France la faillite de la succursale établie à Paris et que dès lors l'*exequatur*
ne saurait être accordé à une décision étrangère
qui paralyserait l'exercice de ce droit. La Cour
d'appel de Paris, par un arrêt du 7 mars 1878,
(*Journal de Droit international privé*, 1878,
p. 608) joignit les deux appels, reçut le syndic
intervenant en ladite qualité, mais le déclara mal
fondé en sa tierce-opposition ; la Cour de Milan,
au contraire, dans la même affaire, avait, par un
arrêt du 15 décembre 1870, admis l'universalité de la faillite prononcée à Londres et renvoyé
les demandeurs à se pourvoir devant la Cour
de Londres, considérant que le dessaisissement du
failli et la nullité qui en découle ne sont pas des
actes d'exécution exigeant l'*exequatur* pour un
jugement étranger.

Malgré la décision de la Cour italienne, nous
ne croyons pas que la jurisprudence française ait
ici dérogé aux principes qu'elle a toujours admis

et que nous avons examinés précédemment ; en
effet, dans l'espèce, les créanciers français contes-
taient l'efficacité du jugement étranger à leur
égard et, de plus, il appartenait au Tribunal de
défendre ses nationaux, en refusant de déclarer
exécutoire une décision étrangère qui leur aurait
causé un grave préjudice ; c'est ce qu'a reconnu
l'arrêt précité de la Cour. Ces principes, applicables dans des cas spéciaux, avaient du reste
toujours été reconnus (Paris, 23 décembre 1847,
D. P. 48, 2, 3. — Tribunal de commerce de la
Seine, 10 août 1872. *Journal de Droit international privé*, 1874, p. 124. — *Idem*, 5 mars 1874.
Idem, p. 96. — Paris, 20 juin 1874. *Idem*, p. 154.
— Paris, 26 juin 1875. — *Tribunal de commerce
de la Seine*, 18 août 1875. *Idem*, 1876, p. 455. —
Paris, 17 juillet 1877. *Idem*, 1878, p. 271).

Enfin, un arrêt de la Cour de Paris du 2 janvier 1875 (D. P. 75, 2, 100) a jugé que le Français
qui se rend acquéreur d'obligations, même émises
en France par une Société de commerce étrangère, se soumet à son égard à toutes les règles
pouvant régir l'état de cessation de paiements ou
de faillite d'après la loi étrangère ; le pourvoi
formé en cassation a été rejeté par un arrêt de

la Chambre des requêtes du 18 janvier 1876
(D. P. 78, 1, 65).

SECTION III.

DROITS DES CRÉANCIERS.

Un des principaux effets de la déclaration de
faillite, en droit interne, est de mettre obstacle
aux poursuites individuelles des créanciers contre
le débiteur ; il leur est désormais interdit de saisir
et de faire vendre les biens de ce dernier.
Les créanciers doivent s'adresser aux syndics,
entre les mains de qui se trouve concentrée l'administration du patrimoine du failli, et l'on ne
saurait leur permettre de recourir à des mesures
d'exécution, dont ils auraient seuls le bénéfice,
alors que tous les biens doivent appartenir exclusivement à la masse.

Ces principes, posés par la loi, sont-ils applicables, lorsque la faillite a été déclarée par
jugement étranger ? C'est ce que nous allons
examiner.

Conformément à la décision que nous avons
prise relativement à l'effet du jugement étranger,

nous pensons devoir admettre que l'étranger, déclaré en état de faillite sur son territoire, n'est pas toujours réputé tel au dehors et que ses créanciers ne perdent conséquemment pas le droit d'exercer contre lui des poursuites individuelles. Les créanciers pourront donc faire assigner personnellement le failli devant leurs Tribunaux nationaux, sans que celui-ci puisse arguer de l'incapacité d'ester en jugement, prononcée contre lui ; nous retirerons aussi ce droit aux syndics de la faillite, nommés par la sentence étrangère.

C'est ainsi que la Cour de Colmar a jugé, par un arrêt du 11 mars 1820 (D. *Jurisprudence générale. V° Droit civil*, n° 467, 2°), que l'étranger, qui est déclaré failli dans son pays et interdit pour faits de faillite, n'est pas réputé failli en France ; qu'il peut dès lors être personnellement assigné devant un Tribunal de France par des Français, sans que les syndics de la faillite, dans son pays, puissent opposer son incapacité ; que ces syndics sont même sans qualité pour représenter l'étranger en France. Nous pouvons citer dans le même sens un arrêt de la Cour de cassation (Req., 20 août 1820 ; *Idem*, 3°) et un arrêt de la Cour

de Bordeaux du 2 juin 1874 (D. P. 75, 2, 209);
ce dernier arrêt, contrairement à un jugement du
Tribunal de commerce de Bordeaux du 22 février
1869, a décidé que, si un jugement rendu en pays
étranger et déclarant une faillite fait preuve suffisante de la qualité des syndics qu'il a nommés et
leur permet d'exercer en France les droits appartenant à la masse, sans qu'il soit nécessaire de le
faire préalablement déclarer exécutoire, il ne saurait en être ainsi, lorsque le failli lui-même
invoque l'autorité de la chose jugée à l'étranger,
pour se soustraire aux poursuites individuelles
dirigées contre lui par ses créanciers*.

Comme, conséquence de cette doctrine, il est
indispensable de reconnaître aux créanciers le
droit de faire pratiquer des saisies-arrêts au préjudice de leur débiteur, failli à l'étranger, quand
bien même la loi étrangère ou le jugement

---

* Il est juste de faire remarquer ici que deux jugements
du Tribunal de commerce de Marseille (*Journal de Droit
international privé*, 1877, p. 423 et 424,) ont décidé, au
contraire, que la faillite dénoncée par un Tribunal étranger
suspend les poursuites individuelles des créanciers français en
France et que le créancier français d'un failli étranger ne peut
procéder que contre le syndic de cet étranger.

étranger accorderaient au débiteur un sursis général aux poursuites de ses créanciers pendant un certain délai; quand bien même le débiteur pourrait leur opposer un jugement rendu sur sa demande, le déclarant en faillite et lui accordant le bénéfice de la cession de biens. Ce système est consacré par la jurisprudence; elle permet aux créanciers de faire pratiquer des saisies-arrêts contre leur débiteur, failli à l'étranger (Aix, 15 mars 1870), toutefois avec un tempérament, puisque la Cour de Paris, par arrêt du 13 août 1875, n'a admis que la déclaration de faillite d'un étranger (Anglais) par un Tribunal de son pays, ne fait pas échec à la validité d'une saisie-arrêt formée contre lui en France par des créanciers français, qu'à la condition que la somme saisie-arrêtée ne soit employée à payer au saisissant que ce qu'il aura à recevoir sur le montant de sa créance, d'après les résultats de la liquidation.

Puisque nous décidons que le jugement étranger n'enlève pas aux créanciers le droit de former saisie-arrêt sur les biens de leur débiteur, situés sur un autre territoire, nous ne devons pas regarder ce jugement, tant qu'il n'a pas été rendu exécutoire, comme un titre autorisant le syndic étranger à former saisie-arrêt (Paris, 31 janvier 1873, S. 74, 2, 33).

CHAPITRE VI.

DE LA VÉRIFICATION DES CRÉANCES.

Nous n'avons que fort peu de choses à dire de
l'importante opération qui suit immédiatement la
déclaration de faillite et qu'on appelle vérification
des créances.

Cette opération n'offre aucune difficulté quand
il s'agit de vérification de créances nées dans le
pays même où la faillite a été déclarée, elle se
fait suivant la procédure admise sur ce territoire,
et les lois nationales sont seules applicables au
fond même du droit.

Il y a un peu plus de complication, semble-t-il,
à première vue, quand il s'agit d'y procéder en
vertu d'un jugement étranger déclaratif de faillite.
Aussi les partisans de l'universalité internationale
de la faillite se sont-ils vus obligés à faire une

distinction entre la procédure et le fond du droit des créanciers.

Quant à la première, c'est-à-dire aux pouvoirs des syndics, au contrôle de l'autorité judiciaire, au mode de convocation des créanciers, aux délais dans lesquels il doivent produire leurs titres, ils déclarent qu'on doit observer la loi du pays où la faillite a été prononcée.

Mais, quant aux droits des créanciers, droits résultant de conventions, notamment pour la forme suivant laquelle a été passée l'obligation du failli, pour les conditions d'existence et les effets de cette obligation, il est une autre loi qu'il faut consulter, c'est celle du lieu où ont été passées ces conventions productives d'obligation.

Quant à nous, qui admettons, s'il est besoin, la pluralité des faillites, nous ne voyons aucune raison de ne pas admettre cette distinction, qui est tout à fait conforme aux principes et aux règles générales du droit international privé ; nous devons même l'étendre à chacune des faillites, qui, selon nous, pourront être prononcées par les Tribunaux de différents pays.

Telles sont les seules idées que nous ayons à émettre sur ce sujet de la vérification des créances, puisqu'il n'entre aucunement dans notre cadre d'étudier les diverses formalités de cette opération, question qui serait du domaine de la législation comparée.

CHAPITRE VII.

ARRANGEMENT AMIABLE ENTRE LE FAILLI ET SES CRÉANCIERS.

Nous avons intitulé ce chapitre *arrangement amiable*, parce que toutes les législations n'admettent pas le concordat, bien que la plupart l'établissent. Toutefois, dans le cours du chapitre, nous emploierons le mot de concordat, tout ce que nous avons à en dire étant applicable à toute convention intervenue entre le failli et ses créanciers.

Après avoir procédé à la vérification des créances, il est nécessaire de prendre des mesures décisives, relativement à la situation du failli et à l'état de la faillite ; c'est dans ce but que l'on convoque les créanciers dûment reconnus et admis, pour leur demander s'ils sont dans l'intention de traiter avec leur débiteur et de lui consentir un concordat ; on appelle ainsi un traité qui intervient entre le failli et la majorité de ses créanciers, par lequel ceux-ci lui accordent une réduction dans leurs créances, moyennant l'engagement de payer le surplus. Le failli qui obtient un concordat de ses créanciers se trouve libéré à leur égard, jusqu'à concurrence de la valeur dont ils lui font remise, et n'est plus tenu que pour les créances ainsi réduites.

La loi de chacun des États où la faillite est déclarée, doit seule régler la manière de former le concordat, la réunion dans laquelle on l'accorde, la majorité nécessaire pour le consentir, les oppositions que l'on peut y faire, les causes de résolution ou d'annulation, la nécessité et les effets de l'homologation, toutes dispositions qui dépendent de la procédure et de l'ordre public. Les mêmes raisons nous déterminent à décider que c'est suivant la loi du lieu où la faillite a été déclarée qu'on doit juger la capacité du failli pour obtenir un concordat, bien qu'il soit de règle générale que la capacité d'une personne dépende uniquement de son statut personnel.

La difficulté est bien plus grave, quant à l'effet territorial du concordat homologué à l'étranger.

En droit interne, le concordat ne peut produire

d'effet qu'autant qu'il a été homologué, c'est-à-dire approuvé par un Tribunal de commerce; régulièrement homologué, il devient un titre opposable partout aux créanciers qui l'ont consenti et à toute personne intéressée. Certaines lois commerciales, comme le Code de commerce français (article 516) et le Code italien (article 628), décident que le concordat homologué devient obligatoire pour tous les créanciers, portés ou non au bilan, même résidant à l'étranger, sans distinguer si les créances ont été vérifiées ou non; le failli cesse d'être dessaisi de son patrimoine, sans préjudice cependant des incapacités politiques. L'exercice des poursuites individuelles est réservé aux créanciers, jusqu'à concurrence seulement du dividende fixé par la convention; le débiteur est remis en possession de son actif, et des hypothèques sont conférées aux créanciers sur les immeubles qui sont replacés entre ses mains. Personne ne doute que cette remise forcée et opposable à tous, qui est établie par la loi, n'ait complète efficacité sur tout le territoire de l'État où cette loi est prépondérante.

La question est bien plus compliquée en droit international, notamment sur les points suivants,

que nous allons examiner : Le concordat, obtenu
en pays étranger et homologué par un juge
étranger, vaudra-t-il pour tous les créanciers
nationaux et étrangers, alors même qu'ils n'auraient
pris aucune part à sa formation? Le failli sera-t-il
remis en possession de l'administration de ceux
de ses biens qui sont situés à l'étranger? Pour
produire effet à l'étranger, le concordat devra-t-il
y être déclaré exécutoire par jugement?

Le concordat étant une véritable convention
entre le failli et les créanciers qui l'ont consenti,
personne ne conteste que, vis-à-vis des créanciers,
nationaux ou étrangers, qui y ont adhéré, il soit
pleinement efficace, sans qu'il y ait aucune nécessité de faire déclarer exécutoire le jugement
étranger, qui lui a donné son homologation; nous
n'avons certainement pas à nous appesantir sur
ce point, sur lequel tout le monde est d'accord.

La question a toujours été et est encore aujour-
d'hui très controversée, s'il s'agit de l'effet du
concordat en ce qui concerne les créanciers qui
n'y ont pas pris part et qui n'y ont pas adhéré.
Laissant de côté l'opinion des partisans de l'universalité de la faillite, qui admettent logiquement
que le concordat est opposable à toute personne

intéressée, nous allons étudier les deux doctrines
principales qui se sont fait jour dans les temps
modernes.

Une première opinion, que nous avons vu
défendre par MM. Massé et Bonfils, décide que
le concordat, étant un mode spécial de libération,
créé par la loi particulière de l'État, n'est opposable qu'aux personnes soumises à cette loi par
leur nationalité et jamais aux créanciers étrangers
qui n'y ont pris aucune part; ce concordat suppose
l'abandon par le créancier d'une portion de la
créance, abandon qui est volontaire ou forcé par
la loi; dans le second cas, il est donc nécessaire
que le créancier se trouve soumis à cette loi.
Cette opinion reconnaît qu'on ne pourra, à la
vérité, accorder plus de droits à un créancier
étranger, qui n'a pas adhéré au concordat, qu'à
un créancier national; mais elle déclare, en acceptant la réciproque, qu'au cas où ce créancier
assignerait son débiteur devant un Tribunal étranger, ce dernier ne pourrait lui opposer un concordat homologué par un Tribunal de son pays.
Les auteurs qui se sont faits les défenseurs de
cette doctrine, vont plus loin encore et refusent
aux Tribunaux nationaux le droit, soit d'homo-

loguer le concordat passé à l'étranger par un national ou un étranger, soit même de rendre exécutoire sur leur territoire la sentence étrangère qui aurait homologué cette convention; ils en donnent pour raison qu'on ne saurait donner l'*exequatur* à une simple convention privée, qui ne peut avoir à l'étranger d'autre autorité légale que celle de tout contrat volontaire, et, ajoutent-ils, la loi n'admet le concordat que « parce qu'elle a « confiance en elle-même et dans les précautions « et les garanties de la procédure qui le pré- « cède et l'accompagne ». (RENOUARD, *Traité des Faillites*).

Ce système a été consacré par le seul arrêt qui ait été, à notre connaissance, rendu par les Tribunaux français; cet arrêt, fort rigoureux, émanant de la Cour de Paris, en date du 25 février 1825, a déclaré que le concordat, passé à l'étranger par un négociant étranger, ne peut être opposé à un créancier français qui n'y a pas adhéré; cet arrêt s'appuyait sur l'article 905 du Code de procédure civile et l'article 575 du Code de commerce de 1807 (article 541 depuis la loi de 1838), qui interdisent aux étrangers le bénéfice de la cession judiciaire; de plus, cet arrêt refusait de rendre exécutoire en France le jugement étranger qui avait homologué le concordat. Cette doctrine nous paraît être la seule qu'aient admise nos Tribunaux et, si un jugement du Tribunal de commerce de la Seine du 9 février 1804 (D. P. 65, 3, 40) a semblé admettre le contraire, c'est qu'il s'agissait, dans l'espèce, d'un concordat homologué par le Tribunal consulaire français du Caire.

La seconde opinion, à laquelle nous croyons devoir nous ranger, a été défendue par MM. Fœlix, Dalloz et Lainné (*Commentaire analytique sur la loi du 8 juin 1838*); ces auteurs prétendent qu'un concordat obtenu à l'étranger peut fort bien être homologué par un Tribunal français et même que le jugement étranger, qui lui a accordé l'homologation, peut, sans plus de formalités, être rendu exécutoire en France, pourvu que cette convention ait été formée suivant les conditions exigées par la loi du pays étranger où elle a été passée : « C'est ici le cas, dit M. Dalloz, d'appli-
« quer la maxime *locus regit actum*. Décider
« autrement, ce serait vouloir qu'il y eût deux
« concordats dans une même faillite ou que telle
« faillite régie par un concordat à l'étranger fût
« nécessairement soumise en France au régime

« de l'union. Ce serait renverser tous les principes
« admis en matière de jugements étrangers et de
« contrats conclus à l'étranger. On objecte en vain
« que les magistrats français, n'ayant pu surveiller
« les diverses phases d'une faillite suivie en pays
« étranger, ne sont pas à même d'avoir une opi-
« nion éclairée sur le caractère de cette faillite,
« et qu'ils sont impropres à donner une homolo-
« gation réfléchie. Ce raisonnement s'applique
« également à l'égard de toute autre espèce de
« jugements. Or, quand la loi ne fait pas exception
« à un principe qu'elle a posé comme règle géné-
« rale, et qu'il y a mêmes motifs, on applique ce
« principe aux divers cas qui se présentent. »
C'est, en effet, avec sagesse, croyons-nous, que le
législateur permet aux Tribunaux de donner
l'*exequatur* à toutes les décisions étrangères, à la
condition qu'elles ne contiennent rien de contraire
à l'ordre public, ni aux dispositions précises de
la loi; c'est sagement aussi qu'il n'a autorisé
l'*exequatur* qu'en connaissance de cause et après
un sérieux examen au fond.

Tels sont les seuls principes qu'il soit possible, à nos yeux, d'appliquer au concordat,
d'autant plus que les adversaires de notre opinion

n'ont jamais pu se mettre d'accord pour la réfuter,
qu'ils fussent ou non partisans de l'universalité
de faillite.

CHAPITRE VIII.

DE L'UNION.

On appelle *union* l'état dans lequel se trouvent de plein droit les créanciers du débiteur failli, au cas où ils n'ont pas consenti de concordat ou bien où le concordat n'a pas obtenu l'homologation du Tribunal ; c'est la dernière période des opérations de la faillite. Les créanciers s'unissent alors dans le but d'exercer de concert contre le débiteur des poursuites qui puissent aboutir à la réalisation de l'actif de son patrimoine et au paiement de leurs créances respectives. Il est indispensable d'étudier brièvement, à ce sujet, la situation de chacune des classes de créanciers que reconnaissent la plupart des lois, c'est-à-dire les créanciers chirographaires, les créanciers privilégiés et les créanciers hypothécaires.

SECTION Ire.

DES CRÉANCIERS CHIROGRAPHAIRES.

En ce qui concerne les créanciers chirographaires, leur condition peut être facilement déterminée, après l'étude à laquelle nous venons de nous livrer. Après que la vérification des créances a été faite, aucune difficulté ne peut se présenter; il n'y a pas à distinguer entre les créanciers nationaux et les créanciers étrangers qui ont produit à la faillite prononcée par un Tribunal national; la seule règle possible, personne ne le conteste, est l'égalité absolue entre tous les créanciers chirographaires, et la seule loi qui leur soit applicable est celle du lieu où siège le Tribunal qui a déclaré le débiteur en faillite. C'est cette loi seule qu'il faut consulter, notamment pour régler le mode de la vérification des créances, l'affirmation, les délais pour la production accordés aux créanciers qui ont leur domicile à l'étranger, les mesures à prendre pour sauvegarder les intérêts des créanciers, qui n'ont pu faire procéder à la vérification de leurs créances, ou dont les créances n'ont été admises que par provision, enfin la publicité à adopter au profit des créanciers auxquels il a été impossible de se faire connaitre. Ces principes sont absolus et nous les étendons aux diverses faillites qui auraient été déclarées par les tribunaux de pays différents.

SECTION II.

DES CRÉANCIERS PRIVILÉGIÉS.

Nous n'avons pas beaucoup plus de choses à dire relativement à la situation des créanciers qui ont un privilège. L'article 2095 du Code civil définit ainsi ce droit : « Le privilège est un droit que la « qualité de la créance donne à un créancier d'être « préféré aux autres créanciers, même hypothé- « caires, » c'est donc en vertu de la loi, et de la loi seule, que sont établis les privilèges et que les créanciers, en faveur desquels sont établis les privilèges, acquièrent le droit d'être payés sur certains biens du débiteur, par préférence à toute autre personne. Les diverses législations n'accordant pas toutes les mêmes privilèges, il faut examiner la question de savoir quelle loi il est nécessaire de consulter relativement à l'existence et à l'assiette du privilège et à la personne à qui la loi l'accorde ; est-ce une loi unique, celle du lieu où la faillite a été prononcée, qu'il faudra consulter? Est-ce, au contraire, la loi du lieu où se trouve situé l'objet, que ce soit un meuble ou un immeuble, sur lequel porte le privilège?

Nous pensons, ce qui n'est pas sérieusement contesté, que l'existence, l'acquisition et les effets du privilège doivent être déterminés par la loi du lieu où est située la chose, meuble ou immeuble, qui en est frappée. On ne peut exercer le droit qui en résulte hors du territoire de la loi qui l'a établi et qui, seule, doit en régler les effets, cette loi l'ayant créé arbitrairement et ne pouvant, en conséquence, vouloir qu'il soit opposable à ceux auxquels elle n'a pas le droit de commander; réciproquement, tous ceux qui obtiennent un privilège sur un territoire, qu'ils soient étrangers ou nationaux, doivent pouvoir valablement en jouir. C'est ainsi que nous déciderions, par exemple, que l'architecte étranger, qui a édifié un bâtiment en France, a droit au privilège, s'il l'a conservé conformément à la loi française; mais que, par contre, l'architecte français, qui aurait édifié un bâtiment en territoire étranger, n'aurait pas droit à un privilège que la loi étrangère refuserait de lui accorder. C'est donc, à notre avis, la *lex rei sitæ* qui doit déterminer à la fois l'aptitude d'un meuble ou d'un immeuble à supporter un privilège et le rang suivant lequel on devra payer les créanciers privilégiés.

SECTION III.

DES CRÉANCIERS HYPOTHÉCAIRES.

L'hypothèque n'a pas, comme le privilège, une seule source, la loi ; elle peut, au contraire, être conventionnelle, judiciaire ou légale ; nous allons l'étudier brièvement dans ses trois formes.

L'hypothèque conventionnelle peut, sans aucun doute, être consentie aussi bien au profit d'un étranger que d'un national, pourvu toutefois que le contrat ait été passé dans le pays et suivant les formes exigées par la loi nationale ; cette condition résulte clairement de l'article 2,128 de notre Code civil, ainsi conçu : « Les contrats « passés en pays étranger ne peuvent donner « hypothèques sur les biens de France, s'il n'y « a des dispositions contraires à ce principe « dans les lois politiques ou dans les traités. » Ce texte est si positif et si formel que nous ne pouvons hésiter, alors surtout que nous ne recherchons pas ce que devrait à nos yeux admettre la législation, mais ce qu'il est possible de décider dans son état actuel ; nous sommes obligé de conclure qu'on ne doit et qu'on ne peut reconnaître sur un territoire les droits du créancier hypothécaire étranger que s'il a passé le contrat sur ce territoire et conformément à la loi civile qui y est en vigueur ; c'est l'application de la règle que nous avons admise pour les privilèges, à savoir que les droits réels des créanciers doivent être régis exclusivement par la *lex rei sitæ*.

Nous avons déterminé à quelles conditions nous pensions qu'un jugement émanant d'un Tribunal étranger pouvait être rendu exécutoire sur le territoire d'un autre État. En obtenant l'*exequatur* pour une décision intervenue à l'étranger en sa faveur, l'étranger pourra exercer l'*hypothèque judiciaire* sur la portion du patrimoine de son débiteur située sur un autre territoire, ce qui n'est que l'application pure et simple de l'article 2,123 du Code civil français : « L'hypothèque ne peut « résulter des jugements rendus en pays étranger; « qu'autant qu'ils ont été déclarés exécutoires par « un Tribunal français. »

Quant à la loi qu'il faudra consulter à ce sujet,

nous devons encore faire une distinction, que nous avons établie plus haut, pour les droits des créanciers hypothécaires, nous les apprécions d'après la loi du lieu où l'obligation a été contractée, quelle que soit sa source; l'hypothèque, n'étant que l'accessoire de cette obligation, doit, de même que le principal, dépendre uniquement de cette loi. Quant aux biens qui pourront être frappés par l'hypothèque, à la mesure dans laquelle elle pourra les atteindre, aux formalités relatives à l'inscription et au mode d'exercice de l'action hypothécaire, nous nous soumettrons, au contraire, à la *lex rei sitæ*, conformément aux principes du droit international privé.

La question est plus compliquée, s'il s'agit d'une *hypothèque légale*, relativement à laquelle aucun traité ne s'est prononcé, ce qui a été la source de nombreuses divergences dans la doctrine. Comme le privilège, en effet, l'hypothèque légale a été établie par la loi civile au bénéfice de certains créanciers, non pas cependant à cause de la faveur due à la nature de la créance, mais à cause de la faveur due, soit à la condition de la personne, soit aux rapports existants entre celle-ci et le débiteur.

Le problème est ici d'autant plus grave que les diverses législations diffèrent beaucoup relativement aux hypothèques légales ; ainsi, pour ne parler que des principales, tandis que la France et l'Italie admettent une hypothèque légale en faveur de la femme mariée, du mineur et de l'interdit, l'Angleterre, l'Écosse, la Hollande, l'Autriche, la Russie et quelques cantons suisses la refusent à la femme mariée ; nous ne nous occuperons ici que de cette hypothèse de la femme mariée, sur les biens de son mari, tout ce que nous avons à en dire devant s'étendre aussi aux autres hypothèques légales.

L'hypothèque légale existe-t-elle au profit d'une femme étrangère sur les immeubles, sis en France, de son mari étranger ? Telle est la question qui se présente principalement à nous. Trois opinions se sont surtout fait jour à l'occasion de cette question.

Les uns accordent toujours l'hypothèque légale à la femme, en se basant sur l'article 3 du Code civil et en considérant l'hypothèque légale comme une dépendance du statut réel ; les partisans de cette opinion ajoutent que les raisons d'accorder l'hypothèque légale sont aussi bonnes en faveur de la femme étrangère que de la femme française ; ce système a été consacré par un arrêt de la Cour d'Alger du 21 mars 1860, arrêt cassé avec raison, croyons-nous, par ce motif que ce n'est pas un droit soumis au statut réel.

Un second système, absolu aussi, refuse toujours l'hypothèque légale à la femme mariée étrangère ; il prétend, en se basant sur les articles 11 et 13 du Code civil, que l'étranger n'a pas en France la jouissance des droits civils, mais seulement de ceux qui dépendent du droit des gens ; bien que le mariage soit du droit des gens, ajoute-t-on, l'hypothèque appartient au droit civil pur. Cette opinion a été adoptée dans les arrêts suivants : Cass. 20 mai 1862, S. 62, 1, 673 ; Grenoble, 23 avril 1863, S. 63, II, 124 ; Alger, 31 janvier 1868, S. 72, 1, 190.

MM. Aubry et Rau l'ont aussi défendue (*Cours de Droit civil français*, T. I, p. 306, note 63, T. III, p. 200).

Le troisième système, auquel nous croyons devoir nous attacher, a été fort bien développé par M. Valette (*Traité des Privilèges et Hypothèques*, 2e part., n° 139). Les étrangers, dit-on suivant cette opinion, peuvent exercer en France tous les droits qui dépendent de leur statut personnel ; aussi, si le statut personnel de la femme mariée étrangère lui accorde une hypothèque légale sur les biens de son mari, on devra admettre qu'elle pourra l'exercer sur les immeubles sis en France et appartenant à ce dernier ; nous ne saurions nous laisser toucher par cette considération que l'hypothèque serait un droit civil et qu'il faudrait conséquemment appliquer les articles 11 et 13 du Code civil ; il est certain, en effet, que le législateur a abrogé la distinction traditionnelle entre le droit civil et le droit des gens (VALETTE, *Explication sommaire du livre I du Code Napoléon. Additions.* p. 407-409). La plupart des traités conclus par la France ont consacré l'idée que nous défendons, ainsi que l'ont établi les arrêts qui ont eu à les interpréter (Traité avec la Sardaigne, du 24 mars 1760 ; Cass. 25 février 1872, S. 72, 1, 187 ; Aix, 8 novembre 1875, S. 76, II, 134 ; traité avec la Suisse du 15 juin 1869). Cette opinion est également soutenue par MM. DUVERGER et Louis RENAULT, professeurs à la Faculté de droit de Paris, à leurs cours.

Telles sont les seules observations que nous ayons à faire sur la situation des diverses sortes de créanciers dans une faillite prononcée à l'étranger, situation à laquelle beaucoup de partisans même de l'universalité ont refusé d'appliquer leurs principes.

CHAPITRE IX.

DE LA RÉHABILITATION.

— —

Il nous reste enfin à dire quelques mots de la manière dont peuvent cesser les conséquences ultérieures de la faillite, c'est-à-dire de la réhabilitation ; on appelle ainsi l'acte par lequel le débiteur failli recouvre l'état dont la déclaration de faillite l'avait privé et les droits qu'elle lui avait retirés. Nous avons à examiner l'effet des jugements qui prononcent en pays étranger la réhabilitation du failli, effet qui peut varier suivant les hypothèses.

Si nous supposons une faillite déclarée sur le territoire d'un État étranger, le Tribunal qui a prononcé la faillite doit être compétent pour accorder au failli la réhabilitation ; dans tous les États, on devra reconnaître l'efficacité du jugement de réhabilitation, sans exiger qu'il soit rendu exécutoire par une décision des Tribunaux nationaux ; le jugement produit effet par cela même qu'il existe, puisqu'il constate un simple fait, ne comportant ni exécution ni condamnation.

Il ne s'élève de doute que sur l'effet du jugement de réhabilitation rendu dans un pays autre que celui où la faillite a été déclarée. Un seul auteur, à notre connaissance, M. VINCENS, danss a *Législation commerciale* (t. I, p. 566), partant du principe que la déclaration de faillite émanant d'un Tribunal compétent doit avoir pleine efficacité à l'étranger, décide que le jugement de réhabilitation du failli doit aussi avoir effet, en quelque lieu qu'il ait été rendu. Cette théorie a été combattue par les partisans mêmes du principe de l'universalité internationale de la faillite ; ils y ont vu avec raison une source de fraudes, une sorte de prime accordée à la mauvaise foi, puisqu'il serait trop facile à un débiteur failli de s'adresser, pour se faire réhabiliter, à des Tribunaux ignorant nécessairement toutes les circonstances de la faillite.

Quant à nous, qui avons, dès le début, rejeté le principe, nous croyons être plus logique encore, en admettant qu'un pareil jugement de réhabilitation ne pourrait avoir aucun effet dans le pays dont les

Tribunaux auraient prononcé la faillite ; nous pensons même qu'on ne saurait lui accorder l'*exequatur*, le juge réhabilitant étant frappé d'incompétence.

CHAPITRE X.

SECTION Ire.

BELGIQUE.

En Belgique, comme en France, en l'absence de textes législatifs, on est fort éloigné d'admettre le principe de l'unité et de l'universalité de la faillite dans les rapports internationaux.

Dès 1820, pourtant, la jurisprudence belge décidait que c'est en vertu de la loi de son domicile que le failli est dessaisi de l'administration de ses biens, confiée à des syndics ou à des curateurs qui sont en même temps chargés du recouvrement des créances actives du débiteur; que, les lois qui régissent l'état et la capacité des personnes faisant sans aucun doute partie du statut personnel, le syndic étranger a le droit de poursuivre en

Belgique le débiteur du failli. L'arrêt de la Cour
de Bruxelles du 21 juin 1820 décidait en outre
que : « La nomination du syndic et le jugement
« déclaratif ne sont que des dispositions judi-
« ciaires donnant lieu à l'application des principes
« relatifs au statut personnel, ne présentant
« aucune espèce de poursuite exécutoire en vertu
« d'un titre *parealis* obtenu à l'étranger contre un
« débiteur, ce qui seul forme l'objet de la prohi-
« bition prononcée par la loi. » (Arrêté-loi du
9 septembre 1814). Cette jurisprudence a été,
depuis, confirmée par de nombreux jugements et
arrêts rendus tant sous la domination hollandaise
que depuis la déclaration d'indépendance de 1830;
nous citerons notamment les suivants : Bruxelles,
19 juillet 1823; 25 mars et 17 décembre 1826;
12 janvier 1828; 9 novembre 1846; Liège,
20 mai 1848; 6 décembre 1851; Anvers, 31 mai
1858; 20 avril 1859; Bruxelles, 14 décembre 1860;
Anvers, 23 mai 1863; Tribunal de commerce de
Bruxelles, 3 juillet 1865; Tribunal de commerce
d'Anvers, 24 juillet 1874 ; Tribunal civil de
Mons, 14 février 1874; Tribunal civil d'Arlon,
29 avril 1874 ; Bruxelles, 13 mai 1879.

Parmi les motifs de jugement du Tribunal

de Mons, du 14 février 1874, nous lisons :

« . . . . . Attendu qu'il est de principe, tant en
« France qu'en Belgique, qu'à partir du jugement
« déclaratif, toute action mobilière ou immobilière
« ne peut être intentée que contre les curateurs
« ou syndics à la faillite ; que c'est dès lors à tort
« que les demandeurs ont dirigé leur action
« contre Jean-Joseph Hurbain (le failli), person-
« nellement ; . . . . . Attendu qu'il est de doctrine
« et de jurisprudence qu'un jugement, par lequel
« un étranger est déclaré en faillite dans son pays,
« est une décision qui règle l'état de la personne
« et lui donne une qualité qui le suit partout ;
« . . . . . Attendu que, s'il est vrai qu'on ne peut
« exécuter en Belgique un jugement rendu en
« pays étranger et qui porterait des condamna-
« tions susceptibles d'exécution contre un débiteur
« belge, il ne s'ensuit nullement qu'on ne puisse
« constater, par un jugement rendu hors du
« royaume, la qualité de failli qui y aurait été
« donnée à un étranger ; que décider le contraire
« serait confondre l'exécution des actes et juge-
« ments étrangers avec leur valeur intrinsèque,
« etc. . . . . . »

En se basant sur ce principe général que le

jugement déclaratif de faillite frappe le débiteur d'une incapacité personnelle qui le suit à l'étranger, les Cours et Tribunaux belges ont décidé :

1° Qu'est non recevable en Belgique l'action dirigée contre un commerçant déclaré en faillite à Londres, pour obtenir paiement d'une créance antérieure à sa faillite ; que cette non-recevabilité, étant l'effet du dessaisissement du failli, dont l'avoir est exclusivement confié à des syndics, subsiste après l'obtention par lui d'un concordat ou *certificate of conformity*, conformément aux lois anglaises (Anvers, 31 mai 1858) ;

2° Que le curateur de la faillite, représentant à la fois les créanciers belges et les créanciers français, a, en cette qualité et en vertu de l'article 14 du Code civil, le droit de citer devant les Tribunaux belges les étrangers qui ont contracté avec le failli (Tribunal de commerce d'Anvers, 24 juillet 1874) ;

3° Que l'incapacité résultant de la mise en faillite d'un étranger, prononcée par le juge de son pays (Hollande), suit cet étranger en Belgique sans qu'il soit besoin d'*exequatur* de la déclaration de faillite (Tribunal civil d'Arlon, 29 avril 1874) ;

4° Que, dans le cas où l'*exequatur* est néces-

saire pour un jugement étranger déclaratif de
faillite, c'est le syndic qui a qualité pour
réclamer cet *exequatur* en Belgique (Bruxelles,
14 décembre 1860 ; 13 mai 1879).

La jurisprudence belge tend aussi à reconnaître,
en matière de faillite, les législations étrangères
et les jugements rendus à l'étranger, s'ils offrent,
en fait, suffisamment de garanties et ne dérogent
au droit belge que sur des points peu importants.
Cela résulte des décisions qui suivent :

Les lois anglaises sur la faillite des commerçants
industriels ne sont pas applicables aux Sociétés
à responsabilité limitée ; pour celles-ci, leur mise
en liquidation, prononcée par la Cour de chancel-
lerie et se poursuivant sous le contrôle de cette
Cour par des liquidateurs officiels nommés par
elle, équivaut à l'état de faillite et doit en produire
tous les effets, même en Belgique ; en conséquence, doivent être annulées les saisies-arrêts
pratiquées en Belgique, à charge de pareille
Société en liquidation judiciaire, par un créancier
belge, dans le but de s'assurer un privilège sur
les deniers saisis (Tribunal civil de Bruxelles,
27 novembre 1871).

Les jugements déclaratifs de faillite (ou de

liquidation judiciaire dans l'espèce) intervenus en France, en cause de citoyens français, sont de plein droit exécutoires en Belgique, sans être soumis à la formalité de l'*exequatur*, décision applicable au concordat accordé en France et au jugement qui l'homologue. (Tribunal de commerce, de Bruxelles, 1er décembre 1873).

Aux termes de l'ordonnance de Hambourg sur les faillites, l'action des créanciers antérieurs à la faillite est suspendue pendant cinq ans, à dater de la clôture des opérations de celle-ci ; cette disposition ne présente rien qui blesse l'honnêteté, l'ordre ni le droit public belge, et son application peut dès lors être réclamée en Belgique par le débiteur hambourgeois (Bruxelles, 22 avril 1880).

La loi anglaise des faillites permet à un débiteur de solliciter de la juridiction des faillites un concordat, sans faire déclarer la faillite proprement dite ; le débiteur, qui a obtenu ce concordat, se trouve dans un état juridique intermédiaire entre la pleine capacité et l'incapacité résultant de la faillite. Cet état intermédiaire, quoique inconnu dans la législation belge, n'est pas contraire à l'ordre public belge et peut être reconnu par

les Tribunaux belges (Tribunal civil d'Anvers,
10 juillet 1880).

Il est certain que la jurisprudence belge est
unanime à reconnaitre l'incapacité du failli et la
nomination des syndics, résultant d'un jugement
étranger, mais il s'en faut de beaucoup que cet
effet soit étendu aux autres dispositions prises
à l'étranger; ainsi, comme le dit M. CALVO :
« L'étranger qui, ayant fait faillite dans son pays,
« a obtenu un concordat, ne peut se prévaloir de
« ce concordat pour repousser les poursuites que
« dirigeraient contre lui, en Belgique, ses créan-
« ciers belges; » et si le Tribunal de commerce
de Bruxelles a reconnu, par le jugement du
1er décembre 1873 précité, l'efficacité d'un concordat passé en France, c'est que : « par suite
« de la réciprocité établie entre les deux pays,
« le concordat dûment homologué d'après la loi
« française, conformément aux lois de ce pays,
« fait cesser en Belgique l'incapacité du failli et y
« a les mêmes conséquences pécuniaires à l'égard
« des créanciers belges qu'en France à l'égard des
« créanciers français. » Ce refus de reconnaissance
du concordat résulte clairement des arrêts de la
Cour de Bruxelles du 23 mars 1820, de la Cour

de Gand du 12 février 1846, et enfin d'un autre arrêt de la Cour de Bruxelles (3 janvier 1860), qui a refusé l'efficacité en Belgique à un certificat de libération complète obtenu, sans le concours des créanciers, du *Chief commissionner of insolvents states* par un Belge domicilié à Sydney, et qui prétendait ensuite l'opposer en Belgique. Concluons donc que la jurisprudence belge est d'accord avec la jurisprudence française pour ne pas admettre l'universalité internationale de la faillite.

SECTION II.

AUTRICHE.

La législation de l'Autriche, empire formé de pays et de provinces séparés par une grande diversité de lois et d'administration, a dû, dans l'intérêt commun de ses sujets, admettre des mesures que l'extension des rapports internationaux pourrait facilement faire adopter entre des États différents.

Comme les autres législations allemandes, cette législation ne distingue pas entre la déconfiture du non-commerçant et la faillite du commerçant, ouvrant pour l'une et pour l'autre un véritable

concours; et, malgré quelques dispositions parti-
culiéres à la faillite des commerçants, une loi en
date de 1868 n'a aucunement altéré, au fond, la
marche générale des concours.

Suivant cette loi de faillite du 25 décembre 1868,
le juge du concours ouvert au domicile du débiteur
comprend et attire sous sa juridiction tout l'actif
mobilier du failli, en quelque lieu qu'il se trouve;
mais laisse les immeubles soumis à autant de
juges différents qu'il y a de provinces où ils sont
situés.

D'après ce principe, il y a donc à faire une
distinction entre les deux hypothèses suivantes :

1º Ou le débiteur déclaré en état de faillite a
tous ses immeubles dans la même province (territoire soumis à un gouvernement spécial), et alors
il n'y a lieu qu'à l'ouverture d'un seul concours
devant le Tribunal du lieu de son domicile,
concours dans lequel on doit comprendre tous ses
biens mobiliers, encore qu'ils se trouvent dans
d'autres provinces; c'est l'application de la règle :
Mobilia sequuntur personam. — 2º Ou le failli
possède des immeubles dans d'autres provinces,
et alors, tout en laissant le *concours principal*
ouvert devant le Tribunal du lieu de son domicile,

on ouvre autant de *concours accessoires* qu'il y a de provinces où se trouvent situés ses immeubles. C'est devant le juge sous la juridiction duquel tombe la plus grande quantité de ces immeubles que l'on doit porter ces concours accessoires, sous cette réserve que ce soit toujours le juge personnel du débiteur qui connaisse de l'instance en ouverture du concours et que de lui émanent les notifications faites aux juges des concours accessoires et partiels.

Il faut bien remarquer que le concours accessoire ne comprend que les biens meubles et immeubles situés dans la province, alors que le concours principal s'étend non-seulement à tous les biens mobiliers et immobiliers qui se trouvent au domicile du failli, mais aussi à toute sa fortune mobilière qui se trouve dans les provinces où il n'a pas d'immeubles et à toutes ses créances et actions. Notons aussi que cette diversité de concours a pour but de faciliter les opérations de la faillite, but qui est rempli, puisque les productions des créanciers peuvent être faites à l'un quelconque des concours et que, dans ce cas, les juges des concours, les administrateurs de la masse et le curateur aux procès arriveront, par une correspondance continuelle, à empêcher un paiement trop fort au profit de l'un des créanciers.

Ce système de la loi de 1868 pourrait être assez facilement appliqué dans les rapports internationaux. Aussi, la loi autrichienne prévoit-elle trois hypothèses : celle où des créanciers étrangers auraient des droits dans une faillite ouverte et déclarée en Autriche, celle où un failli autrichien posséderait des biens à l'étranger, et enfin celle où un failli étranger posséderait des biens en Autriche. Elle décide qu'en pareil cas il faut, autant que possible, s'en référer aux dispositions des traités internationaux ou des ordonnances spéciales, et, à leur défaut, se baser sur les règles suivantes : les étrangers ont à la faillite les mêmes droits que les nationaux, si ceux-ci, dans l'État auquel les étrangers appartiennent, y ont légalement aussi, dans les faillites, les mêmes droits que les nationaux de cet État; s'il y a doute, il y aura présomption de réciprocité. Si le juge du pays a quelque raison particulière d'admettre le contraire, c'est à l'étranger qui produit à la faillite de prouver, dans un délai déterminé, par des documents authentiques, d'après quels principes les sujets autrichiens sont traités, dans le même cas, dans l'État auquel il appartient. Le juge autrichien de la faillite doit baser sa décision sur les mêmes principes, relativement au droit de l'étranger. Au besoin, on doit en référer au Ministre de la justice (art. 51); disposition applicable aux droits cédés par les étrangers à des nationaux, si la cession est postérieure à l'ouverture de la faillite (art. 52). — Les meubles d'un failli autrichien, situés à l'étranger, doivent être compris dans la faillite ouverte en Autriche, et, par suite, on se trouvera dans la nécessité de demander aux autorités étrangères la remise de ces biens. Réciproquement, les biens mobiliers d'un failli étranger, situés en Autriche, doivent être transmis au Tribunal étranger de la faillite, s'il le réclame. — La procédure de la faillite, quant aux immeubles, reste logiquement réservée aux Tribunaux du lieu de la situation. — Au cas où l'autorité étrangère refuserait la remise de la fortune mobilière du failli, ou ne l'accorderait que dans des limites restreintes, on appliquerait rigoureusement les principes de la réciprocité. Le Tribunal a le devoir de porter toutes les affaires de cette nature à la connaissance du Ministre de la justice (art. 61).

De cette courte analyse de la législation et de la pratique autrichiennes, il résulte clairement que, là encore, le principe de l'unité et de l'universalité de la faillite, en droit international, n'est pas admis d'une façon générale, mais seulement en cas de traités internationaux ou tout au moins de réciprocité, principe appliqué d'ailleurs dans les divers traités conclus par l'Autriche et dont nous aurons bientôt à nous occuper.

SECTION III.

ALLEMAGNE.

La loi prussienne du 8 mai 1855 commence à peine à admettre un concours unique et universel, même sur les immeubles, en quelque lieu qu'ils soient situés, et consent à ce que la masse comprenne le prix des immeubles situés sur le territoire de la Prusse, sous la condition d'une notification publique et de l'appprobation du Ministre des affaires étrangères. — « Suivant « cette loi, dit M. DE SAVIGNY (*Droit romain,* « p. 283 et suivantes), quand il y a des biens « situés à l'étranger, le Tribunal doit d'abord « rechercher s'il y a un traité avec ce pays.

« S'il n'y a point de traité, il demande le concours
« du Tribunal étranger aux opérations de la fail-
« lite. Si ce concours est refusé, le curateur est
« chargé de veiller aux intérêts des créanciers
« prussiens, dans la faillite spéciale ouverte en
« pays étranger. »

Cette loi du 8 mai 1855 contient aussi les règles
spéciales suivantes, relativement à la faillite des
étrangers (art. 292 à 296). Quand un étranger,
possesseur d'un établissement commercial en
Prusse, vient à cesser ses paiements, le Tribunal
du lieu de cet établissement doit ouvrir la faillite
locale, laquelle ne porte que sur les biens pos-
sédés par cet étranger en Prusse. — Si l'étranger,
déclaré failli à l'étranger, ne possède pas en
Prusse d'établissement de commerce, mais seulement d'autres biens, on doit admettre toute mesure
d'exécution contre les biens situés en Prusse. —
Ce qui reste de biens en Prusse, après la clôture
de la faillite locale ou le paiement des créanciers
exécutants, doit être remis à la faillite étrangère.
— Si, dans le cas où l'étranger a fait faillite à
l'étranger, et où, par suite, on n'a pas déclaré la
faillite locale, la remise des biens situés en Prusse
est réclamée par la faillite étrangère, le Tribunal

saisi de cette demande doit la livrer à la publicité. La remise des biens n'aura lieu que six semaines après la publication et sous cette réserve que ces biens ne soient pas alors revendiqués par les créanciers régnicoles. En tous cas, cette remise exige le consentement préalable des Ministres des Affaires étrangères et de la Justice. Des traités peuvent déroger à toutes ces règles, et, en fait, quelques-uns y dérogent, comme nous le verrons avant peu.

Quelque chose d'analogue aux dispositions de cette loi prussienne, se trouve dans la loi de la Confédération de l'Allemagne du Nord, du 21 juin 1869; cette dernière loi admet, en effet, que le pouvoir du juge du concours, ouvert au Tribunal du domicile du débiteur, s'étend même aux biens situés dans un autre État.

D'après le Code de procédure de l'empire d'Allemagne, le Tribunal compétent pour ouvrir un concours est toujours celui du lieu du domicile, sauf le cas où le débiteur a un autre établissement pour l'exercice d'un commerce ou d'une industrie, cas où la faillite pourra être poursuivie au lieu de cet établissement.

Enfin, le Code allemand des faillites, du

10 février 1877, reconnaît ainsi des principes ana-
logues : « § 4. Les créanciers étrangers ont les
« mêmes droits que les créanciers allemands.
« Le chancelier de l'Empire pourra, avec l'assen-
« timent du Bundesrath, ordonner l'application
« d'un système de représailles envers les per-
« sonnes de nationalité étrangère ou envers leurs
« successeurs à titre universel ou particulier. —
« § 207. Si un débiteur, sur le patrimoine duquel
« une procédure de faillite a été ouverte à l'étran-
« ger, possède des biens en Allemagne, l'exécution
« forcée sur ces biens peut avoir lieu. Des excep-
« tions à cette règle pourront être établies par
« ordre du chancelier de l'Empire, avec l'assenti-
« ment du Bundesrath. — § 208. Si un débiteur,
« qui n'est soumis à aucun Tribunal allemand,
« à raison de son statut de juridiction générale,
« possède en Allemagne un établissement pour
« l'exploitation d'une fabrique, d'un commerce ou
« d'une autre industrie, la procédure de faillite
« pourra être ouverte sur les biens de ce débiteur,
« qui se trouvent en Allemagne, lorsque cet éta-
« blissement est investi de la faculté de conclure
« directement des affaires. Il en sera de même
« dans le cas où le débiteur qui n'est soumis à

« aucun Tribunal allemand à raison de son statut
« de juridiction générale, exploite en Allemagne,
« en qualité de propriétaire, d'usufruitier ou de
« fermier, une terre pourvue de bâtiments d'habi-
« tation et d'exploitation. Pour la procédure, la
« compétence appartient exclusivement au Tribunal
« cantonal, dans le ressort duquel se trouve situé
« l'établissement ou la terre. Lorsqu'une faillite
« a été ouverte à l'étranger, l'ouverture de la
« faillite en Allemagne pourra être déclarée, sans
« qu'il soit nécessaire de justifier de l'insolvabilité
« du débiteur. »

Tels sont les principes de la législation allemande sur notre matière ; voyons maintenant si le
principe de l'universalité de la faillite est admis,
soit dans la doctrine, soit dans la jurisprudence de
ce pays.

M. DE SAVIGNY (*System.*, § 374, T. VIII, p. 292),
il est vrai, pensait que, même en dehors de
traités, les Tribunaux des divers États pouvaient,
du consentement exprès ou tacite de leurs gouver-
nements, consacrer par leurs jugements l'unité et
l'universalité de la faillite, qu'avaient adoptées les
traités dont il venait de parler. Suivant cet auteur,
ces principes, consacrés par les traités, n'étaient

pas « une invention nouvelle et arbitraire, mais
« uniquement l'expression de cette communauté
« de droit qui, de nos jours, tend toujours à s'ac-
« croître. » Cette opinion ne nous semble pas
avoir prévalu ; M. BAR (*Das internat privat Recht.*,
§ 128), notamment, s'élève de la façon la plus for-
melle et la plus vive contre cette théorie de l'extension des principes sur lesquels sont basés les
traités et contre cette universalité de la faillite,
telle que la comprennent les auteurs de talent qui
s'en sont récemment constitués les défenseurs,
notamment MM. CARLE, en Italie, et DUBOIS, en
France. Il soutient, par exemple, que le failli peut
valablement et légalement disposer de la partie de
ses biens qui se trouve à l'étranger, tant que
le juge étranger ne le lui a pas interdit par une
défense spéciale et expresse. A l'appui du système
qu'il défend, nous citerons avec lui les décisions
de Tribunaux supérieurs qui suivent : Lubeck,
10 janvier 1824 et 15 décembre 1831 ; Cassel,
1er mars 1831 ; Berlin, 16 juillet 1857 et 11 mai 1858 ;
décisions dont l'autorité ne nous semble aucunement détruite par celles-ci, qui admettent, dans
une certaine mesure, l'universalité de la faillite :
Rostock, 19 octobre 1840 ; Cassel, 16 décembre 1848

et 12 décembre 1859; Lubeck, 23 janvier 1860, cas cités aussi par M. Bar.

Nous ajouterons aux arrêts donnés par M. Bar comme n'admettant pas l'universalité de la faillite un arrêt de la Cour d'appel de Cologne, du 22 juillet 1870, qui est fort important et que nous trouvons dans le *Journal de Droit international privé*, de 1876, p. 460. Sauer, domicilié dans le duché d'Oldenbourg, avait acheté de Wolff, demeurant au même lieu, divers immeubles situés en Prusse, en vertu d'un acte sous seing privé portant la date du 18 janvier 1866. Il obtint quittance le 30 du même mois. Au commencement de juin, Wolf disparaît et est mis en faillite par le Tribunal grand-ducal d'Oberstein. Le 4 septembre, Sauer présente son acte à la justice et obtient, le 24 août 1867, une décision qui reconnaît ses droits de propriété et maintient les immeubles achetés en dehors de la masse de faillite. De son côté, Grimm, hôtelier, avait obtenu, en février et avril 1866, du Tribunal d'Oberstein, des jugements contre Wolf. Il les présenta au Tribunal de Saarbrück (Prusse rhénane) et, le 13 février 1867, la force exécutoire leur fut reconnue. Grimm fit inscrire l'hypothèque judiciaire le 21 mars 1867.

Le jugement du 13 février 1807 fut confirmé en appel. En vertu de l'hypothèque inscrite, les héritiers de Grimm, décédé, poursuivirent la vente des immeubles situés en Prusse, ayant appartenu à Wolf, et notamment de ceux vendus à Sauer. Celui-ci forma opposition à la vente. Le Tribunal de Sarrebrück rejeta cette opposition, qui fut, au contraire, validée par la Cour d'appel de Cologne, laquelle décida que la faillite déclarée (dans le duché d'Oldenbourg) ne pouvait comprendre les biens situés à l'étranger (Prusse rhénane) et n'empêchait pas le débiteur d'en disposer.

La jurisprudence du Tribunal supérieur de commerce de l'Empire allemand (*Reichsoberhandelsgericht*), établi à Leipzig, a constamment aussi, croyons-nous, rejeté l'universalité de la faillite dans les rapports internationaux; c'est du moins ce qui résulte clairement des arrêts de ce Tribunal, rendus les 28 février 1871, 13 juin 1871, 28 juin 1872 et 25 janvier 1873, les plus récents à notre connaissance.

Dans l'arrêt du 28 février 1871, l'accepteur anglais d'une lettre de change était tombé en faillite; un créancier prussien poursuivit le paiement de la lettre de change en Prusse, pour se faire payer sur la partie de la fortune de l'accepteur situé dans ce pays ; le failli étranger fut condamné par défaut ; toutefois, les administrateurs anglais de la masse faillie contestèrent l'authenticité de l'acceptation et déclarèrent que le jugement, déjà prononcé par défaut contre le failli, ne pouvait leur porter préjudice. La Cour l'admit, ces administrateurs étant quasi-propriétaires de la masse faillie d'après le droit anglais, et la loi prussienne du 8 mai 1855, qui maintient l'indépendance de la juridiction prussienne sur les biens du failli étranger situés en Prusse, prescrivant la remise du surplus de la masse, non au failli, mais à la masse étrangère. (*Revue de Droit international de Gand,* 1874, p. 237).

L'arrêt du 13 juin 1871, réformant les jugements d'instance, décidait que les proscriptions des lois étrangères sur les faillites, d'après lesquelles les opérations de la faillite ont pour effet d'éteindre en tout ou en partie les droits des créanciers, sont sans valeur (en Prusse), lorsque le créancier qui ne s'est pas soumis au droit étranger (Hambourgeois), sur les faillites, est en position de faire valoir et de réaliser ses droits, *agendo* ou *encipiendo,* à l'intérieur du pays ; on peut lire

dans les considérants de cet arrêt : « . . . .
« Actuellement, les différents États ne recon-
« naissent pas la compétence du Tribunal de la
« faillite, s'il est étranger ; ils repoussent, relati-
« vement à ces biens, la force d'attraction d'une
« faillite qu'ils n'ont pas déclarée ; ils ouvrent sur
« cette portion de biens une faillite spéciale indé-
« pendante des règles et des lois de l'État étran-
« ger, et, s'ils consentent à remettre ces biens
« au Tribunal étranger, c'est après avoir désinté-
« ressé les créanciers nationaux ou autres qui se
« sont adressés à eux dans ce but et conformé-
« ment à leurs lois, absolument comme si la
« faillite étrangère n'existait pas. . . . . . Pour modi-
« fier ce principe, il faut une convention diplo-
« matique. » *(Revue de Droit international de*
« *Gand,* 1874, p. 140).

La maison Breysig et Cie, de Leith (Écosse),
avait, avant sa cessation de paiements, livré à la
maison Richter et Cie, d'Oschersleben (Prusse),
un envoi de cinquante tonnes d'ammoniaque
sulfureux. Plusieurs créanciers allemands de la
maison Breysig et Cie formèrent opposition sur le
prix dû par Richter et Cie. Ceux-ci déposèrent la
somme due au Tribunal de Halberstadt (Prusse).

Les créanciers allemands obtinrent devant le Tribunal d'opposition, contre Breysig et Cie, une condamnation qu'ils demandèrent à exécuter sur la somme déposée. Au cours de l'instance, afin de validité d'opposition, la *Bonnington Chemical Company*, de Leith (Écosse), se prétendant commettant de Breysig et Cie, intervint et demanda contre les opposants que la somme déposée fût reconnue sa propriété et que main-levée de l'opposition fût ordonnée.

Un jugement du Tribunal supérieur de Prusse, du 17 mai 1870, repoussa la demande de l'intervenante, en disant que le Tribunal d'Halberstadt n'était pas compétent, que ce n'était pas là le cas d'une intervention principale, qu'il aurait fallu plaider devant le Tribunal des opposants. Enfin, comme l'exécution allait être poursuivie sur la somme déposée, l'intervenante introduisit contre les créanciers allemands poursuivants une nouvelle demande et obtint gain de cause dans les deux instances. Le Tribunal de Leipzig, par un arrêt du 28 juin 1872, repoussa la demande en nullité introduite par les défendeurs (les créanciers allemands). (*Journal de Droit international privé*, 1874, p. 33).

Enfin, cassant encore le jugement d'instance, un

arrêt du même Tribunal, du 25 janvier 1873, est motivé de la façon suivante (*in fine*) : « C'est une « prétention absolument mal fondée que de sou- « tenir qu'un Tribunal allemand, s'appuyant sur « les principes d'une loi étrangère en matière de « faillites, doive condamner au profit d'une faillite « étrangère, les parties domiciliées en Allemagne, « et, rejetant l'exception de compensation que « celles-ci opposent, les renvoyer à une poursuite « peut-être illusoire en totalité ou en partie, « devant être menée tout au moins en pays « lointain (Angleterre), contre la personne du « failli. » (*Idem*, 1874, p. 250).

Il est facile, d'après ce résumé, de voir que la jurisprudence allemande est encore très éloignée de reconnaître l'universalité de la faillite en droit international, c'est-à-dire les *vrais principes*, suivant l'expression, au moins osée, de M. CARLE.

SECTION IV.

ANGLETERRE ET ÉTATS-UNIS.

L'acte anglais des faillites du 9 août 1869 et l'acte américain du 2 mars 1867 ne contiennent aucune disposition relative à la faillite dans les rapports internationaux ; il est nécessaire, pour connaître la pratique et la jurisprudence des Cours anglaises et américaines, de se reporter aux ouvrages des Américains STORY (*On the conflict of laws*) ; PHILLIMORE (*Commentaire sur le Droit international*) ; WHEATON (*Éléments de Droit international*) et WHARTON (*On the conflict of laws*), et des Anglais PIGGOTT (*Foreign Judgments*) et WESTLAKE (*Article de la Revue de Droit international de Gand*, 1874, p. 396 et suivantes).

La jurisprudence anglaise n'exige pas, pour déclarer la faillite, que le débiteur soit domicilié en Angleterre et le met en faillite sur le fondement d'un acte de faillite commis par lui en Angleterre, quand même il serait étranger et aurait quitté l'Angleterre avant la présentation de la requête (*Ex parte Crispin, in re Crispin*; 14 mars 1873, *8 Chancery appeal case. 374*). Mais elle admet, au contraire, que le domicile est important, quant à l'effet de la mise en faillite sur la propriété du failli ; lorsque, en effet, une personne est déclarée en état de faillite à l'étranger, sa propriété immobilière située en Angleterre ne se trouve aucunement atteinte par la déclaration de faillite

(*Re Blithman,* 17 janvier 1866, *2 Equity case.* 23); STORY va jusqu'à admettre que le failli n'est obligé, ni par la loi, ni en équité, de transmettre aux syndics ses biens situés à l'étranger. Quant aux biens mobiliers : « Les Tribunaux anglais et amé-« ricains, dit cet auteur, sont arrivés à des con-« clusions différentes; les premiers soutiennent « uniformément la doctrine de l'universalité de la « poursuite sur tous les biens meubles, quelle que « soit leur situation au moment de la poursuite; « plusieurs des seconds, mais non l'unanimité, « restreignent la poursuite au territoire où la « partie a été déclarée faillie ou insolvable. De « plus, la doctrine américaine admet, comme « règle générale, que la propriété personnelle, y « compris les dettes, n'a pas de situation, mais « suit la loi du domicile de son propriétaire; « mais que chaque pays peut, par une loi posi-« tive, régler, comme il lui plaît, le sort de la « propriété personnelle qui se trouve sur son « territoire; il peut préférer les créanciers qui « sont ses citoyens aux syndics étrangers, et aucun « autre pays n'a le droit de régler cette détermi-« nation. » Notons que, si c'est à la requête du débiteur lui-même que le jugement déclaratif de faillite a été rendu à l'étranger, sa propriété mobilière passera forcément aux curateurs ou commissaires, même si elle est située en Angleterre, quelque part qu'il soit domicilié (R. DAVIDSON, S. C. *Settlement Trusts*, 18 février 1873, *15 Equity case. 383*). D'un autre côté, le créancier qui, à l'étranger, a obtenu un droit de préférence sur les biens du failli situés à l'étranger, doit supporter, sur les sommes partagées en Angleterre, des restrictions ayant pour but de rétablir l'égalité et variant suivant que les biens situés hors de l'Angleterre sont meubles ou immeubles. (*Ex parte Wilson, in re Douglas*, 18 avril 1872, *7 Chancery appeal case. 490*). La plupart des Tribunaux américains limitent aux frontières du territoire où la faillite a été déclarée l'attribution de la propriété du failli aux syndics.

Pour établir leur doctrine, les Tribunaux anglais se sont basés sur ce principe que la propriété mobilière n'a pas de situation fixe et, par cela même, se trouve soumise aux lois du lieu du domicile du propriétaire. De même, soutiennent-ils, que le propriétaire peut, suivant sa loi personnelle, céder volontairement, vendre ou transférer ses meubles, quelque part qu'ils soient situés, de

même la cession involontaire, mais valable suivant
la loi du domicile du propriétaire, doit être
reconnue partout et, en conséquence, la cession
des biens meubles, faite en vertu de la loi de
faillite, doit être efficace, comme si elle émanait
du propriétaire lui-même, règle applicable également
en cas de succession *ab intestat*. Ils sont,
par suite, arrivés aux décisions suivantes :
1° L'attribution de la propriété, d'après une déclaration
de faillite, porte sur tous les meubles,
quelle que soit leur situation ; 2° La saisie de cette
propriété par un créancier anglais, après cette
déclaration, qu'il la connaisse ou non, n'est pas
valable, de même que la saisie faite par un créancier
étranger, alors que la faillite a été déclarée
en Angleterre ; 3° En tous cas, la propriété,
transmise par l'effet d'un jugement prononcé à
l'étranger, ne peut être valablement saisie par un
créancier anglais, après la déclaration de faillite ;
4° Un créancier étranger, non soumis à la loi
anglaise, peut garder valablement cette propriété
acquise par jugement, si sa loi nationale, inexacte
au point de vue de la loi anglaise lui donne un titre
absolu (*Sill c. Worswick*, 1 ; *II. Black.* 691-693 ;
Salomon c. Ross, 1 ; *II. Black.* 131 ; *Phillips*

c. Hunter, 2; *H. Black*. 402; *Hunter c. Potts*, 4. T. R. 182).

Les Cours américaines, au contraire, font une grande différence entre la cession volontaire d'un bien faite par le propriétaire et celle qui émane forcément de la loi, doctrine soutenue vivement par lord KAMES (*On equity*, B. 3, chap. VIII, § 0). A défaut de principes de droit positif, disent-elles, la règle générale que les biens meubles sont soumis à la loi du domicile du propriétaire ne doit être admise que sous la restriction qu'il n'en résulte aucun préjudice pour l'État ou pour les citoyens auxquels des droits ont été accordés ; leur conclusion est qu'il est impossible de reconnaître un effet extra-territorial à une loi de faillite étrangère ; l'exemple suivant nous en est fourni par M. CALVO : « Il y a quelques années, des « citoyens américains firent saisir aux États-Unis « des biens appartenant à un de leurs débiteurs « déclaré en faillite dans un pays étranger. Les « autres créanciers ayant unanimement réclamé « la main-levée de cette saisie, un procès s'en- « gagea et la Cour suprême de Washington décida « en dernier ressort que, conformément à la loi « *rei sitæ*, les créanciers américains saisissants

« avaient un droit supérieur à celui des syndics et
« de tous les autres créanciers étrangers. »

La jurisprudence anglaise a encore admis que
l'ordre des créanciers, dans un concours, dépend
de la *lex loci concursus*, ainsi qu'il résulte de deux
cas cités par M. Westlake, que nous croyons devoir
reproduire :

1° Par contrat de mariage, fait à Batavia, entre
deux sujets britanniques y domiciliés à cette
époque, la communauté légale fut exclue, et le
mari convint de payer 75,000 florins au profit de
sa femme. Ce contrat ne fut pas enregistré ; il ne
pouvait donc avoir effet vis-à-vis des tiers, en vertu
de l'art. 152 du Code civil en vigueur dans les
colonies hollandaises orientales depuis le 1er mars
1848. Plus tard, le mari fit faillite en Angleterre,
et sa femme se porta créancière pour 75,000 florins. La réclamation fut admise et placée au
même rang que celle des autres créanciers du
mari, par le motif que la stipulation d'où elle avait
pris naissance était valable entre parties, d'après
la *lex loci contractus*, et que la disposition de la
lex loci contractus, qui lui aurait fait préférer
les droits de tierces personnes, si le concours
avait eu lieu dans ce pays, ne pouvait s'ap-

pliquer à un *concours* ouvert en Angleterre. (*Ex parte Melbourn, in re Melbourn*, 11 novembre 1870, 6 *Chancery. appeal case.* 64).

2° La sixième section du placard de l'Empereur Charles V, du 4 octobre 1540, d'après laquelle les réclamations formées par des femmes en vertu de leur contrat de mariage sont reculées jusqu'à ce que les autres créanciers du mari aient été satisfaits, est en vigueur au cap de Bonne-Espérance, comme faisant partie de la législation hollandaise, sous laquelle la colonie fut fondée. Un négociant fit un contrat en Angleterre, à l'occasion de son mariage dans ce pays, où il avait aussi son domicile. D'après la loi anglaise, la réclamation de sa femme, fondée sur ce contrat, aurait, en cas de faillite, été placée sur le même rang que celle des autres créanciers. Comme, par la suite, il fut déclaré insolvable dans la colonie du Cap, où il avait un établissement de commerce, la réclamation de sa femme fut reculée jusqu'après le paiement de ses autres dettes, en vertu du placard précité, celui-ci étant la *lex loci contractus.* (*Thurburn c. Steward*, 26 janvier 1871, 3, *Privy Council,* 478).

Il nous reste, pour terminer cet examen de la

jurisprudence anglaise et américaine, à parler du
concordat et de la décharge du débiteur : « Il n'y
« a aucun doute, dit M. Piccott, qu'une obliga-
« tion ne soit éteinte par une décharge prononcée
« suivant les lois du pays où le contrat a été fait
« et que cette décharge ne soit reconnue par les
« Tribunaux de tout autre pays ; » et il cite
les affaires Ballantyne c. Golding (*Cooke's B. K.
Laws.* 8e édit., 487); Pedder c. Mac-Master
(8, T. R. 609), Potter c. Brown (5, *East.,*
R. 124-130; Quélin c. Moisson (1, *Knapp.* 266);
Gardiner c. Hougton (2, B. et S. 743), et Clerke
c. Emery (1, F. et F. 446). « La faillite et le cer-
« tificat, a dit le lord-chief-justice Ellenborough
« dans l'affaire Potter, auraient été une décharge
« en Amérique et le droit international exige qu'il
« en soit de même ici. » La jurisprudence des
États-Unis a consacré le même principe.

La jurisprudence anglaise considère la décharge
d'un débiteur sous une loi étrangère comme ne le
dégageant que de toutes les dettes et obligations
contractées dans le ressort de cette loi, mais
d'aucune autre. Une exception est admise pour
une décharge faite sous une loi de faillites votée
par le Parlement impérial britannique pour une

partie quelconque de l'Empire, par cette raison que tout Tribunal anglais serait obligé d'admettre cet acte, en vertu de l'autorité du Parlement. (*Ellis c. M'. Henry*, 30 janvier 1871, 6. *Common Pleas.* 228).

Mais, si le débiteur, après avoir été d'abord déclaré insolvable dans une colonie anglaise, d'après les dispositions d'un statut local, a été ensuite déclaré en état de faillite en Angleterre, suivant une loi impériale, sa décharge, accomplie sous la seconde déclaration, bien qu'elle soit complète relativement à toutes ses obligations civiles contractées auparavant, n'a nullement effacé la juridiction du Tribunal colonial, quant à la première déclaration. Le Tribunal peut notamment, au retour du failli dans la colonie, admettre une poursuite contre lui et le condamner pour crime de fraude et d'offense envers la loi coloniale des faillites, qui lui avait été précédemment appliquée. (*Gill. c. Barron*, 1er juillet 1868, 2 *Privy Council*, 157).

Notons, en terminant, qu'un arrêt anglais a décidé que la circonstance que tous les biens du débiteur sont situés à l'étranger, peut s'opposer à la déclaration de faillite en Angleterre. (13 janvier 1876, 1, *Chancery division. 509*). (*Revue de Droit international de Gand*, 1878, p. 542).

De cet exposé, il résulte qu'il ne faudrait pas croire que l'Angleterre et les États-Unis eussent, plus que les autres pays, devancé la France, dans la matière de la faillite en droit international ; les doctrines qui y ont prévalu jusqu'à ce jour ne sont pas beaucoup plus libérales que celles qui sont communément appliquées par nos Cours et Tribunaux.

SECTION V.

ITALIE.

C'est particulièrement en Italie, et dans ces dernières années, que, comme nous l'avons déjà vu, le principe de l'universalité de la faillite dans les rapports internationaux a été expressément proclamé et défendu avec autant de vigueur que de talent, notamment par MM. Fiore, Carle et Norsa. Ils y étaient naturellement portés par la lecture des articles 941 à 950 du titre XII du Code de procédure civile du royaume d'Italie, du 25 juin 1865, titre intitulé : *Della escuzione degli atti delle autorita straniere ;* ces articles exigent seulement : 1º que la sentence ait été prononcée par une autorité judiciaire compétente ; 2º qu'elle ait été prononcée après citation régulière des parties ; 3º que les parties aient été légalement représentées ou non-comparantes ; 4º que la sentence ne contienne pas de dispositions contraires à l'ordre public ou au droit public interne du royaume.

L'influence de MM. Fiore, Carle et Norsa s'est fait sentir dans la jurisprudence italienne qui, il est juste de le reconnaître, se montre, à certains points, bien plus favorable que les autres à l'unité et à l'universalité de la faillite et en a appliqué le principe dans plusieurs cas où les Tribunaux des autres États l'auraient rejeté.

Ainsi, les Tribunaux italiens ont admis que les sentences étrangères n'exigent le *parealis* que si elles sont invoquées pour accomplir des actes d'exécution. C'est ainsi qu'ils ont considéré les jugements étrangers qui déclaraient une faillite et nommaient les syndics comme devant produire effet en Italie, quand on s'appuyait sur eux pour faire suspendre les actions individuelles des créanciers, pour prouver l'incapacité du failli ou encore pour faire autoriser les syndics à recouvrer les créances de ce dernier. Les jugements peuvent être invoqués sans être accompagnés du *pareatis,* parce que, suivant un arrêt de la Cour de Brescia, du 1er août 1871 (*Revue de Droit international de Gand,* 1876, p. 641), les actes passés conformément à la loi de l'État où ils sont reçus font foi, même à l'étranger, des faits qu'ils énoncent et des qualités qu'ils attribuent aux parties, sans qu'il y ait besoin de la formule exécutoire. C'est ce qu'a décidé aussi la Cour de Milan, par un arrêt du 5 novembre 1869 (*Journal de Droit international privé,* 1878, p. 240), relativement à un jugement déclaratif, de faillite, qu'elle a regardé comme un acte de juridiction gracieuse, sans vouloir admettre aucun examen préalable, ce jugement ayant, à ses yeux, autorité de chose jugée.

Il en serait autrement, si on voulait se prévaloir de ces jugements étrangers, pour accomplir des actes d'exécution : « *L'exequatur,* disait la Cour « de Brescia dans l'arrêt précité, est toujours « nécessaire, lorsqu'on invoque l'acte étranger « pour contraindre les tiers par voie de droit à « l'accomplissement des obligations qui ont été « contractées. » Ainsi jugé aussi par la Cour de

cassation de Turin, le 20 avril 1871, et la Cour
de Gênes, le 5 avril 1874. (*Idem*).

Conformément à l'arrêt de la Cour de Milan, du
4 mai 1868, adoptant le principe que la matière
de la faillite se rapporte au *statut réel*, alors que
l'arrêt précité de la Cour de Brescia du 1er août 1871
avait jugé que la faillite étrangère a effet sur les
biens meubles situés en Italie, on n'a pas admis
la même règle pour les immeubles. Quant à ces
derniers, on n'a pas voulu permettre au principe
de l'universalité de la faillite de détruire la disposition spéciale de l'article 7 du Code civil italien,
qui laisse les immeubles soumis à la loi particulière du lieu de leur situation. De ces principes,
on a conclu que la déclaration de faillitte, prononcée à l'étranger, ne pourrait suffire pour faire
comprendre dans la masse active les immeubles
appartenant au failli, en Italie, ni pour en permettre la vente aux syndics de la faillite étrangère;
cette doctrine a été consacrée par l'arrêt de la
Cour de cassation de Turin du 20 avril 1871, à
l'occasion d'une aliénation de biens faite en Italie
par les représentants d'une faillite déclarée en
Autriche; M. Norsa, dans un article de la *Revue
de Droit international de Gand*, que nous avons

déjà cité, fait remarquer que, dans l'espèce, le jugement autrichien comprenait les immeubles, situés en Autriche, mais ne frappait pas les immeubles situés à l'étranger.

Ainsi encore, l'arrêt de la Cour de Naples du 4 mai 1868 a jugé que, si un commerçant, déclaré failli à l'étranger, possède en Italie, non une maison distincte et indépendante, mais une succursale, par exemple un simple dépôt de marchandises, la faillite de la maison principale peut et doit s'étendre à la succursale et que le jugement étranger qui l'a déclarée doit être rendu exécutoire dans le royaume. (*Revue de Droit international de Gand*, 1870, p. 634).

Cet arrêt du 4 mai 1868, ainsi qu'un arrêt de la Cour de cassation de Turin du 29 avril 1872, semble du reste s'être rallié au principe de l'universalité de la faillite, en jugeant que les effets de celle-ci s'étendent à tous les biens du failli et que le jugement déclaratif, rendu par un Tribunal étranger, doit par conséquent recevoir exécution, même sur les biens situés dans le royaume. La conséquence de cette théorie serait que le Tribunal où a été déclarée la faillite, deviendrait le centre de toutes les actions dirigées contre le failli, il serait le tuteur et le régulateur, dans l'intérêt commun des créanciers, des opérations relatives à l'actif du failli; ce qu'a décidé, au surplus, la Cour de Turin par un arrêt du 4 avril 1865. Il est bon de noter ici que la jurisprudence a été quelque temps hésitante, puisque la Cour de Turin elle-même jugeait, les 5 mars et 7 juillet 1866 (*Idem*, p. 630), qu'il y a autant de faillites que d'États où le failli possède des biens ou des marchandises et que la faillite déclarée dans un État n'a pas d'effet dans un autre, si elle n'y est aussi déclarée.

Une question, surtout, a soulevé en Italie de vives controverses et n'a pas reçu, en jurisprudence, de solution définitive, celle de savoir quels effets il faut reconnaître au jugement déclaratif de la faillite, au point de vue de l'incapacité du failli. On admet généralement, toutefois, que ce jugement ne doit produire aucun effet en Italie, s'il n'y est expressément déclaré exécutoire; c'est du moins en ce sens qu'ont prononcé les arrêts précités des 4 mai 1868 et 20 avril 1871, et un arrêt de la Cour de cassation de Turin du 13 avril 1867 (*Revue de Droit international de Gand*, 1876, p. 630), contrairement à l'arrêt de Milan du

5 novembre 1860, que nous avons déjà cité.
Jusqu'à l'*exequatur*, le failli étranger serait donc
capable de contracter en Italie et de disposer des
biens qu'il y possède ; il pourrait donc aussi
s'opposer personnellement à l'instance qui aurait
pour but de le faire reconnaître comme failli en
Italie, conséquences acceptées par les arrêts sus-
énoncés.

Il a été encore jugé que :

La nullité des actes faits pendant les dix jours
qui précèdent la cessation des paiements, prononcée par l'article 446 du Code de commerce
français et par l'article 555 du Code de commerce italién, s'étend à la vente et à l'expédition
des marchandises faites pendant ces dix jours par
le failli à l'un de ses créanciers étrangers, domicilié
dans un pays étranger dont la loi n'admet pas de
nullité pareille. (Turin, Cass., 13 avril 1867. —
Milan, 14 août 1868). Cette nullité ne s'étend pas
à la cession d'une créance sur un étranger, faite
pendant ces dix jours par le failli au profit d'un
étranger et passée par acte public étranger dans
un pays dont la loi n'admet pas de nullité de ce
genre.

Le jugement étranger, rendu par un Tribunal

incompétent, ne peut pas être déclaré exécutoire
en Italie ; il en est ainsi, en particulier, d'un jugement français qui, par application de l'article 446
du Code de commerce, a annulé une cession de
créance sur un Italien, consentie en Italie par
le failli au profit d'un Italien. Ne peut être déclaré
déclaré exécutoire en Italie, le jugement étranger
par défaut rendu en France contre un Italien qui
n'a point été cité régulièrement et lorsque n'a pas
eu lieu l'affichage de l'exploit ordonné par l'art. 69,
par. 8, du Code de procédure français. (Brescia,
20 novembre 1873. — Turin, Cass., 6 octobre 1876).
(*Journal de Droit international privé*, 1879,
p. 82-88).

Mentionnons, pour terminer, l'arrêt de la Cour
de Milan du 15 décembre 1876 (Affaire de la
faillite anglaise Hoffmann), que nous avons eu
précédemment l'occasion d'examiner et de compa-
rer avec l'arrêt rendu par la Cour de Paris dans la
même affaire.

Malgré la tendance indéniable de la jurisprudence italienne à admettre l'unité et l'universalité
de la faillite, il ne nous semble pas qu'on puisse
soutenir qu'elle en ait encore consacré le principe
d'une manière certaine et absolue.

CHAPITRE XI.

TRAITÉS INTERNATIONAUX.

Nous n'avons pas admis, on se le rappelle, la doctrine émise par M. DE SAVIGNY, à savoir que les Tribunaux des différents États pouvaient toujours consacrer par leurs jugements l'universalité de la faillite dans les rapports internationaux; il résulte aussi de l'examen général de la jurisprudence des diverses nations, auquel nous venons de nous livrer, qu'elle se trouve d'accord, sauf de rares exceptions, pour rejeter cette doctrine qui, il faut le reconnaître, aurait un très grand avantage, si elle était possible dans l'état actuel des relations internationales et des législations modernes.

Mais ce que nous reconnaissons impossible aux Tribunaux, ce que nous reconnaîtrions de même impossible à une loi quelconque, il est très dési-

rable et très facile que des conventions diplomatiques, que des traités internationaux l'accom-
plissent de la manière la plus étendue. C'est ce
qu'ont compris plusieurs États limitrophes, entre
lesquels existent de grandes similitudes de race,
d'usages et de mœurs.

L'Autriche a fait, à ce sujet, deux traités, l'un
avec la Prusse (16 mars 1845) et l'autre avec la
Saxe royale (2 mars 1854), dans lesquels elle a
appliqué les principes qui, depuis, ont été la base
de sa loi de faillites du 25 décembre 1868. Ces
traités ont stipulé .

1° Que les biens meubles, auxquels on a assi-
milé les créances, appartenant au failli et se
trouvant dans l'un des États contractants, doivent,
au cas où le failli n'y possède aucun immeuble,
être consignés à la disposition de l'État, au sein
duquel le concours a été ouvert, sans tenir le
moindre compte d'une saisie qui aurait déjà été
effectuée sur ces mêmes biens meubles ;

2° Que les créanciers, même nationaux, n'ont
pu valablement acquérir de droit de gage, de privilège ou de rétention qu'avant l'ouverture du
concours, ce qui, sans aucun doute, est l'adhé-
sion absolue, quoique implicite, à l'ouverture

du concours prononcé par jugement étranger, et d'une efficacité, tout au moins négative, annulant tous les actes qui auraient pour but d'en éluder frauduleusement les conséquences logiques ;

3° Qu'enfin, si le débiteur failli possède dans l'un des États signataires des immeubles quelconques, les parties intéressées pourront obtenir sur requête l'ouverture d'un concours devant le Tribunal dans le ressort duquel se trouvent ces immeubles.

La question de l'exécution du jugement prononçant l'ouverture de la faillite n'est pas examinée dans ces traités, et cela pour une bonne raison, c'est qu'ils considèrent que l'ouverture du concours n'est qu'un acte de juridiction volontaire et n'a, en conséquence, nul besoin d'être rendue exécutoire.

Remarquons, au surplus, qu'il n'y aurait aucune raison de demander un *exequatur* pour le jugement qui ouvre le concours ; en effet, puisque l'on admet que l'autorité locale elle-même devra ouvrir le concours dans l'État où sont situés lesdits immeubles, cette autorité refuserait donc l'ouverture de ce concours accessoire, dans le cas où le juge étranger, dans l'ouverture du concours principal, aurait violé soit les règles de la compétence, soit l'ordre public de l'État.

La Prusse est allée plus loin encore et a presque adopté le système de l'unité et de l'universalité de la faillite dans les traités *concernant les rapports de juridiction* qu'elle a conclus, depuis 1819, notamment avec. le duché de Saxe - Weimar (25 juin 1824), le duché de Saxe-Altenbourg (18 février 1832), le duché de Saxe-Cobourg-Gotha (23 décembre 1833), la principauté de Reuss-Plauen (5 juillet 1834), le royaume de Saxe (14 octobre 1839), la principauté de Schwarzbourg-Rudolstadt (12 août 1840), le duché d'Anhalt-Bernbourg (9 septembre 1840), et enfin avec le, duché de Brunswick (4 décembre 1341). Dans la conclusion de ces divers traités, la Prusse s'est inspirée de sa propre loi de faillites, laquelle, comme nous l'avons vu, ne peut admettre qu'une seule faillite, s'ouvrant entièrement devant le Tribunal du lieu du domicile du débiteur insolvable, ce Tribunal devant demander à tous les autres Tribunaux prussiens, accessoirement compétents, leur coopération aux opérations du concours.

Tous les traités que nous venons de citer, faits

postérieurement à la loi prussienne des faillites, en ont adopté le principe, à savoir qu'il ne doit y avoir qu'une faillite unique et universelle, s'ouvrant devant le Tribunal du domicile du débiteur; quant aux biens de ce dernier qui se trouvent situés à l'étranger, ils doivent être vendus, et le prix de cette vente doit être recueilli pour être versé au Tribunal qui a prononcé l'ouverture du concours. C'est à ce Tribunal seul que peuvent et doivent s'adresser tous les créanciers, quels qu'ils soient; le rang de ces derniers, s'il s'agit de créances purement personnelles, est réglé suivant la loi du lieu où siège le Tribunal, c'est-à-dire du domicile du débiteur; s'il s'agit de droits réels, le rang est établi par la loi du lieu où la chose est située.

Nous indiquons ces traités à titre d'exemple et pour montrer la voie dans laquelle la Prusse était entrée depuis longtemps; ils disparaissent aujourd'hui en présence de la création de l'Empire Allemand et du Code général des faillites de 1877, applicable à tout cet Empire.

Nous avons extrait cette courte analyse des traités prusso-allemands de l'ouvrage de M. DE SAVIGNY (t. VIII, § 174); cet illustre auteur fait remarquer que, relativement aux créanciers qui ont des droits de préférence, il est nécessaire de distinguer les époques des traités conclus par la Prusse. Dans les conventions antérieures à 1819, le créancier, même hypothécaire, devait porter son action et obtenir sa collocation devant le Tribunal de la faillite. Depuis 1819, au contraire, les créanciers qui ont des droits réels, priviléges ou hypothèques, sur les biens situés hors du pays où le concours a été ouvert, peuvent, jusqu'à ce qu'ils aient saisi de leur action le Tribunal de la faillite, la faire valoir devant le Tribunal du lieu de la situation de ces biens; si ces créanciers hypothécaires ont ainsi usé du droit qui leur est reconnu, les biens affectés de droits réels sont mis en vente, le prix en est partagé entre les créanciers privilégiés, jusqu'à concurrence de leurs créances, et le surplus est versé au Tribunal de la faillite, suivant les formes ordinaires. Ces dernières clauses des traités sont basées sur le principe admis par la loi prussienne sur les faillites, que tous les créanciers gagistes ou hypothécaires, qui ont des droits réels sur des immeubles situés en Prusse, ont le droit de se faire payer directement sur la chose obligée envers eux, sans prendre la moindre part à la procédure du concours.

La plupart des traités conclus par la Suisse se bornent à assurer l'égalité de traitement aux créanciers des diverses nationalités, dans une faillite ouverte dans l'un des États contractants ; nous pouvons citer, en ce sens, les traités entre le Grand-Duché de Bade et la Confédération Suisse, sauf les cantons de Schwitz et de Glaris (1808) ; entre le royaume de Bavière et la même Confédération, à l'exception des cantons de Neufchâtel, Schwitz et Glaris (publié à Stuttgard le 13 mai 1820) ; enfin, entre le royaume de Bavière et la Suisse, moins les cantons d'Uri et de Zug (1834).

Il nous reste à parler des conventions intervenues entre la France et la Confédération Helvétique, à la date des 18 juillet 1828 et 15 juin 1869.

Le premier, signé à Zurich le 18 juillet 1828 et promulgué par ordonnance royale des 31 décembre 1828 et 30 janvier 1820, se bornait à assurer égalité complète de traitement aux créanciers de chacune des nationalités française et suisse ; l'art. 4, qui seul traitait de la faillite, était conçu dans les termes suivants : « En cas de faillite ou de banqueroute « de la part de Français possédant des biens en

« France, s'il y a des créanciers suisses et des
« créanciers français, les créanciers suisses qui se
« seraient conformés aux lois françaises pour la
« sûreté de leur hypothèque seront payés sur les
« dits biens, comme les créanciers hypothécaires
« français, suivant l'ordre de leur hypothèque ; et
« réciproquement, si des Suisses, possédant des
« biens sur le territoire de la Confédération Helvé-
« tique, se trouvaient avoir des créanciers français
« et des créanciers suisses, les créanciers français,
« qui se seraient conformés aux lois suisses pour
« la sûreté de leur hypothèque en Suisse, seront
« colloqués sans distinction avec les créanciers
« suisses, suivant l'ordre de leur hypothèque.
« Quant aux simples créanciers, ils seront aussi
« traités également, sans considérer auquel des
« deux pays ils appartiennent, mais toujours con-
« formément aux lois de chaque pays. »

Cette convention de 1828 a été révisée et com-
plétée par un traité conclu à Paris le 15 juin 1869
*sur la compétence judiciaire et l'exécution des
jugements en matière civile* et ratifié, le 18 octobre
de la même année ; les articles 6, 7, 8 et 9 de ce
traité sont consacrés à la faillite, de plus les
articles 15, 16, 17, 18 et 19 sont déclarés expres-

sément applicables aux jugements déclaratifs de faillite.

Ces articles sont ainsi conçus :

« Art. 6. — La faillite d'un Français ayant un
« établissement de commerce en Suisse pourra
« être prononcée par le Tribunal de sa résidence
« en France.

« La production du jugement de faillite dans
« l'autre pays donnera au syndic ou représentant
« de la masse, après toutefois que le jugement
« aura été déclaré exécutoire conformément aux
« règles établies en l'article 10 ci-après, le droit
« de réclamer l'application de la faillite aux biens
« meubles et immeubles que le failli possèdera
« dans ce pays.

« En ce cas, le syndic pourra poursuivre contre
« les débiteurs le remboursement des créances
« dues au failli ; il poursuivra également, en se
« conformant aux lois du pays de leur situation, la
« vente des biens meubles et immeubles apparte-
« nant au failli.

« Le prix des biens meubles et les sommes et
« créances recouvrées par le syndic dans le pays
« d'origine du failli seront joints à l'actif de la
« masse chirographaire du bien de la faillite et

« partagés avec cet actif, sans distinction de natio-
« nalité, entre tous les créanciers, conformément
« à la loi du pays de la faillite.

« Quant aux prix des immeubles, la distribution
« entre les ayants-droit sera régie par la loi du
« pays de leur situation ; en conséquence, les
« créanciers français ou suisses qui se seront con-
« formés aux lois du pays de la situation des im-
« meubles pour la conservation de leurs droits de
« privilège ou d'hypothèque sur lesdits immeubles
« seront, sans distinction de nationalité, colloqués
« sur le prix des biens au rang qui leur appar-
« tiendra, d'après la loi du pays de la situation des
« dits immeubles.

« ART. 7. — Les actions en dommages, restitu-
« tion, rapport, nullité et autres, qui, par suite
« d'un jugement déclaratif de faillite ou d'un juge-
« ment reportant l'ouverture de la faillite à une
« époque autre que celle primitivement fixée, ou
« pour toute autre cause, viendraient à être exer-
« cées contre des créanciers ou des tiers, seront
« portées devant le Tribunal du domicile du
« défendeur, à moins que la contestation ne porte
« sur un immeuble ou un droit réel et immo-
« bilier.

« Art. 8. — En cas de concordat, l'abandon
« fait par le débiteur failli des biens situés dans
« son pays d'origine et toutes les stipulations du
« concordat produiront, par la production du juge-
« ment d'homologation, déclaré exécutoire confor-
« mément à l'article 10, tous les effets qu'il aurait
« dans le pays de la faillite.

« Art. 9. — La faillite d'un étranger établi soit
« en France, soit en Suisse, et qui aura des
« créanciers français et suisses et des biens situés
« en France ou en Suisse, sera, si elle est
« déclarée dans l'un des deux pays, soumise aux
« dispositions des articles 7 et 8.

« Art. 10. — La partie en faveur de laquelle
« on poursuivra, dans l'un des deux États, l'exé-
« cution d'un jugement ou d'un arrêt devra pro-
« duire au Tribunal ou à l'autorité compétente du
« lieu ou de l'un des lieux où l'exécution doit
« avoir lieu :

« 1° L'expédition du jugement ou de l'arrêt
« légalisé par les envoyés respectifs ou, à leur
« défaut, par les autorités de chaque pays ;

« 2° L'original de l'exploit de signification dudit
« jugement ou arrêt, ou tout autre acte qui, dans
« le pays, tient lieu de signification ;

« 3° Un certificat délivré par le greffier du
« Tribunal où le jugement a été rendu, constatant
« qu'il n'existe ni opposition, ni appel, ni autre
« acte de recours ;

« Sur la représentation de ces pièces, il sera
« statué sur la demande d'exécution, savoir : en
« France, par le Tribunal réuni en Chambre de
« conseil, sur le rapport d'un juge commis par le
« président et les conclusions du ministère public ;
« et en Suisse par l'autorité compétente, dans la
« forme prescrite par la loi. Dans l'un et l'autre
« cas, il ne sera statué qu'après qu'il aura été
« adressé à la partie contre laquelle l'exécution
« est poursuivie une notification indiquant le jour
« et l'heure où il sera prononcé sur la demande.

« ART. 17. — L'autorité saisie de la demande
« d'exécution n'entrera point dans la discussion
« du fond de l'affaire. Elle ne pourra refuser
« l'exécution que dans les cas suivants :

« 1° Si la décision émane d'une juridiction
« incompétente ;

« 2° Si elle a été rendue sans que les parties
« aient été dûment citées et légalement repré-
« sentées ou défaillantes ;

« 3° Si les règles du droit public ou les intérêts

« de l'ordre public du pays où l'exécution est
« demandée s'opposent à ce que la décision de la
« juridiction étrangère y reçoive son exécution. »

Ce traité de 1869, le meilleur qui, jusqu'ici, ait
été rédigé sur notre matière, consacre très large-
ment, comme on peut le voir à la lecture des
articles que nous venons de citer, le principe de
l'unité et de l'universalité de la faillite ; il a su,
de plus, combiner très heureusement ce principe
avec la reconnaissance du statut réel. Il a nette-
ment tracé la voie dans laquelle il serait très dési-
rable et même nécessaire que les États entrassent
désormais dans leurs rapports internationaux.

Toutefois, ce traité contient plusieurs lacunes
qui ont fait l'objet d'ardentes critiques, et qu'il
importerait de combler ; on lui a reproché avec
raison d'autoriser la déclaration de faillite par le
Tribunal de la simple résidence, et, comme conséquence, d'un simple établissement de commerce
d'un Français en Suisse ou d'un Suisse en France,
au lieu d'en attribuer le droit au Tribunal du
domicile. De plus, si l'on prend à la lettre les
par. 2 et 3 de l'article 6, il semble que les syndics,
nommés dans l'un des pays, ne peuvent avoir de
droits dans l'autre qu'après que le jugement qui

les nomme a été rendu exécutoire, ce qui leur ferait une condition inférieure à celle que leur fait la jurisprudence, nous l'avons vu ; il faut donc interpréter le traité en ce sens qu'il ne s'agit ici que des pouvoirs nécessaires aux syndics pour faire des actes d'exécution. Enfin, nous déciderons que l'art. 8, relatif au concordat, doit être aussi interprété dans ce sens restrictif.

Notons enfin que le traité ne contient aucune disposition pour le cas d'une double déclaration de faillite prononcée par les Tribunaux des deux pays, question qui a été fort heureusement et fort libéralement tranchée par le Conseil fédéral suisse.

La Société du Crédit foncier suisse a été déclarée en faillite à Genève, le 3 février 1874. MM. Faurax et Richard ont été nommés syndics. Le 5 février 1874, le Crédit foncier suisse était également déclaré en faillite à Paris, sur la poursuite de MM. Sarazin et Biernet ; M. Barbot a été nommé syndic. Les syndics suisses ont formé opposition au jugement français déclaratif de faillite, opposition dont ils ont été déboutés par le Tribunal de commerce de la Seine, à la date du 5 mars 1874, lequel alléguait que le véritable et même le seul établissement de la Société était à

Paris, place Vendôme. De leur côté, MM. Biernet et consorts, créanciers du Crédit foncier suisse, à la requête desquels la faillite de cet établissement avait été déclarée à Paris, ont formé opposition au jugement suisse déclaratif de faillite. Le Tribunal de commerce de Genève les a déboutés de leur opposition dans les termes suivants, à la date du 19 mars 1874 : « . . . . Attendu que « si l'article 6 du traité intervenu entre la Suisse « et la France le 15 juin 1869 stipule que les « Tribunaux français pourront prononcer la faillite « d'un Suisse établi en France et réciproquement, « cet article ne doit être interprété que dans un « sens pratique et juridique, c'est-à-dire avec la « réserve expresse que la faillite n'ait pas été déjà « déclarée par les Tribunaux compétents du pays « d'origine, ... qu'il résulte des termes de « l'article 24 des statuts qu'il y a non-seulement « siège social et domicile réel à Genève, mais « encore élection de domicile, etc. . . . . » (*Journal de Droit international privé*, 1874, p. 95).

La Cour d'appel du canton de Genève, par un arrêt du 25 mai 1874, confirmait, pour les mêmes motifs, ce jugement du Tribunal de commerce de Genève, alors que la cinquième chambre de la

Cour de Paris, par arrêt du 20 juin 1874, confirmait également le jugement du Tribunal de
commerce de la Seine, du 5 mars 1874. (*Journal
de Droit international privé*, 1874, p. 154).
Le conflit de juridiction restait donc tout entier ;
il ne fut résolu que par la sagesse du Conseil
fédéral suisse.

Ce dernier Tribunal, dans un arrêt du 21 janvier 1875, très fortement motivé, se basait sur les
considérants suivants : « . . . . Considérant
« qu'il s'agit d'appliquer à la Société dite :
« *Le Crédit foncier suisse* » les principes du traité
« du 15 juin 1869 et spécialement de l'article 6 de
« ce traité ; . . . . . que ses dispositions ont pour
« but essentiel d'assurer l'unité de faillite, dans
« l'intérêt des créanciers et d'une liquidation
« prompte et économique de l'établissement
« de commerce atteint par la faillite ; . . . . . .
« que le Crédit foncier suisse, bien que
« fondé à Genève, sous l'empire des lois géne-
« voises, n'avait de Suisse que le nom ; que le
« motif vrai de sa création à Genève paraît avoir
« été d'éluder les lois françaises sur les sociétés
« anonymes et de pouvoir opérer en France en
« se soustrayant à l'empire des lois françaises ;

« qu'au moment où la faillite a été prononcée,
« aucun administrateur du Crédit foncier suisse
« ne résidait à Genève, mais que tout le personnel
« administratif habitait Paris ; que c'est à Paris
« que le Crédit foncier suisse avait son siège
« effectif, dans un hôtel acheté par lui, etc...... »
Il donnait définitivement raison aux Tribunaux
français contre les Tribunaux suisses en arrêtant
que : « La liquidation de l'actif et la répartition
« du passif et spécialement l'administration des
« obligations de la Société dite le Crédit foncier
« suisse sont dévolues à la faillite de Paris. Toute-
« fois, cette faillite reconnaîtra la compétence des
« Tribunaux génevois pour toutes les actions
« fondées sur des engagements contractés à
« Genève par le Crédit foncier suisse. » (*Journal
de Droit international privé*, 1875, p. 80).

Il semble bien résulter de l'exposé que nous
venons de faire que la jurisprudence suisse admet
l'universalité de la faillite en droit international ;
mais il importe, avant tout, de remarquer qu'il
s'agissait d'appliquer ici, non pas des principes
vagues et généraux, mais les dispositions expresses
du traité franco-suisse du 15 juin 1869, que nous
avons citées spécialement. Nous nous croyons

d'autant plus autorisé à ne pas étendre cette théorie aux cas où il n'y a pas de traité, qu'un jugement du Tribunal fédéral, du 18 février 1876, a décidé que les concordats suisses des 15 juin 1804 et 8 juillet 1818 ne sont pas un obstacle à ce qu'il y ait plusieurs faillites quand il y a plusieurs maisons *distinctes* et *indépendantes*. (*Journal de Droit international privé*, 1876, p. 510). Cette décision, relative à des établissements commerciaux sis dans plusieurs cantons du même État, est applicable *à fortiori* à des établissements commerciaux situés dans plusieurs États différents.

Nous constatons ici avec plaisir que les traités internationaux en matière de faillite tendent de plus en plus à adopter les principes d'unité et d'universalité de la faillite ; mais nous doutons qu'on puisse aller plus loin en ce sens que n'est allé le traité franco-suisse de 1869, et ce sera l'honneur de la France et du Gouvernement impérial d'avoir, les premiers, conclu un traité de cette sorte, traité qui, tout en ayant les avantages d'une loi, n'en a pas les inconvénients, puisque, si les garanties qu'offrent les conditions dans lesquelles est actuellement rendue la justice suisse disparaissaient, il pourrait toujours être dénoncé.

CHAPITRE XII.

CONCLUSION.

Partant du principe que les jugements étrangers n'ont pas force de chose jugée sur un autre territoire que celui de l'État dans lequel ils ont été rendus, nous avons conclu au rejet de la théorie de l'unité et de l'universalité de la faillite dans les rapports internationaux ; nous croyons avoir suffisamment démontré qu'il était impossible aujourd'hui de reconnaître d'autre doctrine; nous pensons ainsi avoir logiquement appliqué le principe que nous adoptons à tous les points divers de cette longue procédure de faillite.

Mais, ce que nous avons décidé en droit, est-ce à dire que nous en voulons toujours l'application en fait? Non; bien au contraire, nous désirons que le plus souvent possible, après un examen approfondi, les Tribunaux accordent l'*exequatur* aux sentences étrangères.

De plus, comme nous l'avons déjà dit, il est indispensable, à nos yeux, de parer aux inconvénients résultant du système que nous avons cru devoir admettre, dans l'état actuel des relations internationales. Plusieurs moyens ont été proposés; nous devons dire quelques mots de chacun.

Quelques auteurs ont mis en avant l'idée d'une législation *internationale sur la faillite;* cette expression, qui manque de clarté, nous semble signifier que ces auteurs désireraient voir les différents États s'entendre pour adopter les mêmes règles en cette matière. C'est l'idée d'un Code de commerce international, un *rêve,* suivant l'expression récente de M. le Président de la Chambre des députés. Nous avons le regret de croire qu'il n'y a là qu'une utopie irréalisable, au moins pour le moment; en effet, bien que ce soit pour les affaires commerciales qu'il soit le plus facile de faire disparaître les divergences des législations, grâce à la fréquence des relations qu'elles créent, il nous semble bien difficile qu'un État consente à adopter la loi d'un autre État, fût-elle uniquement commerciale, le sentiment de la nationalité étant encore trop puissant à notre époque, pour que cette concession ne blesse pas l'orgueil des citoyens.

Nous rejetons également la reconnaissance par une loi positive de l'unité extra-territoriale de la faillite, convaincu que ce serait un réel danger de décider d'une manière générale qu'on devra donner effet aux actes d'une autorité étrangère, en se contentant de l'accomplissement de certaines conditions; ce serait obliger les Tribunaux à consacrer, dans certains cas, de criantes iniquités. Beaucoup de commerçants, s'établissant dans les pays où la législation sur la faillite est la moins sévère, se livreraient à des spéculations hasardeuses, ayant affaire, en cas de faillite, à des juges accommodants, dont les sentences seraient opposables à tous leurs créanciers, même étrangers.

Nous ne voyons donc qu'un moyen d'arriver à l'heureux résultat que se propose l'universalité de la faillite, c'est que les États s'appliquent à conclure le plus possible de conventions internationales. « Je crois, dit M. RENAULT, dans un travail publié
« par le journal *Le Droit*, du 12 décembre 1880,
« que, sauf de rares exceptions, des conventions
« de ce genre ne doivent être signées qu'entre
« deux États; c'est à cette condition qu'on agit en

« connaissance de cause. Chaque contractant peut
« se rendre compte de la législation, de l'organi-
« sation judiciaire, de l'administration de la justice
« dans l'autre pays; après cet examen, il sait à
« quoi il s'engage en donnant effet sur son terri-
« toire aux sentences rendues dans l'autre. Les
« conditions peuvent varier suivant qu'il y a plus
« ou moins d'analogie entre les institutions judi-
« ciaires des deux pays. Comme il peut survenir
« des changements intérieurs qui influent sur
« l'administration de la justice, il est prudent de
« ne faire de pareils traités que pour un temps
« limité ou, mieux encore, de les faire pour un
« temps illimité, mais en se réservant la possibi-
« lité de les faire cesser six mois, par exemple,
« après une dénonciation. »

C'est en nous appuyant sur ces bases que nous pouvons donner notre approbation complète aux résolutions votées le 11 septembre 1880 par un Congrès juridique italien, réuni à Turin et présidé par M. Mancini; nous croyons utile, sans nous associer au vœu formé pour une législation commune, de reproduire le texte de ces résolutions, qui serviront de conclusion à notre travail :

Le Congrès,

Considérant que l'intérêt du commerce exige que les effets de l'état de faillite ne soient pas restreints au territoire d'un seul pays, mais qu'ils soient étendus au plus grand nombre possible de pays civilisés;

Que la diversité actuelle des législations sur la faillite rend difficile la formation d'une loi unique internationale sur les faillites;

Est d'avis, tout en faisant des vœux pour une législation commune sur la matière, qu'il convient, quant à présent, de se borner au système d'une ou de plusieurs conventions internationales.

Les bases essentielles de ces conventions seraient les suivantes :

I.

Le Tribunal compétent pour déclarer la faillite et en continuer la procédure jusqu'à son terme sera celui du lieu où le commerçant a son principal établissement.

II.

Le jugement déclaratif de faillite et les autres

jugements à intervenir pendant la procédure de faillite auront, sur le territoire des États contractants, la même autorité de chose jugée que dans l'État où ils ont été rendus et ils pourront donner lieu à des mesures conservatoires, d'urgence et d'administration, à la condition d'être rendus publics, conformément à l'article V, 1°.

Quand en vertu de ces jugements il y a lieu de procéder à quelque acte d'exécution forcée dans un autre État, on devra d'abord obtenir une ordonnance de *pareatis* de l'autorité de l'État, si on veut procéder à l'exécution.

Cette autorité sera désignée dans le traité, elle prononcera sur simple requête des intéressés et sans qu'il soit besoin d'un débat contradictoire; elle ne pourra refuser le *pareatis* que dans les deux cas suivants :

1° Quand le jugement aura été rendu par un Tribunal incompétent d'après la règle de l'article 1;

2° Quand le jugement ne sera pas encore exécutoire dans le pays où il a été rendu.

Cette ordonnance sera susceptible d'opposition par la voie contentieuse, mais l'opposition n'aura pas d'effet suspensif.

III.

Les restrictions à la capacité commerciale du failli, la nomination et les pouvoirs des administrateurs de la faillite, les formes à suivre dans la procédure de la faillite, l'admissibilité, la formation et les objets du concordat, la liquidation et la répartition de l'actif entre tous les créanciers nationaux ou étrangers, seront réglés par la loi du lieu où la faillite a été déclarée.

IV.

Les droits réels, les raisons de préférence par hypothèque, privilége et gage, les droits de revendication, distraction et rétention sur les biens mobiliers et immobiliers du failli seront réglés par la loi du lieu de la situation matérielle des biens à l'époque de l'acquisition des droits.

Il appartiendra au traité international de déterminer d'une manière précise quel doit être le Tribunal compétent pour juger les procés relatifs à ces droits.

V.

Des dispositions spéciales seront introduites dans
le traité :

1° Pour régler les mesures à prendre afin que
les jugements rendus en matière de faillite dans
l'un des États contractants puissent être connus
dans les autres États;

2° Pour déterminer les rapports respectifs des
autorités judiciaires des divers États contractants,
en ce qui touche l'exécution du traité.

VI.

Le traité pourra se restreindre, quant à présent,
à la faillite des commerçants, et les lois des divers
États relativement à l'insolvabilité des non-
commerçants resteront en pleine vigueur.

Pareillement, aucune dérogation ne sera apportée
aux règles sur l'action pénale en cas de banqueroute et aux dispositions des traités d'extradition.

En faisant, ainsi que nous l'avons dit, toutes
nos réserves relativement au vœu formé pour une

législation commune, nous ne saurions donner à
notre travail une conclusion plus pratique que ces
bases établies par le Congrès du Turin, sous la
présidence de M. Mancini.

POSITIONS

DROIT ROMAIN.

I. — Il ne faut pas confondre le *curator* et le *magister*, dans la procédure de la *bonorum venditio*.

II. — Dans la *bonorum venditio*, les créanciers pouvaient saisir et vendre le fonds dotal, comme tous les autres biens du débiteur.

III. — La vente des biens du débiteur ne le libérerait pas vis-à-vis de ses créanciers.

IV. — Malgré l'existence de l'action Publicienne, le *bonorum emptor* avait avantage à avoir les actions Rutilienne et Servienne.

DROIT CIVIL.

I. — Les actes, consentis sur un immeuble par le vendeur à réméré, sont valables sous la condition suspensive de l'exercice du réméré.

II. — Le vendeur d'un office ministériel a droit au privilège que la loi accorde au vendeur de meubles.

III. — Le privilège du vendeur de meubles se maintient, quoique l'acheteur ait revendu le meuble, pourvu qu'il ne l'ait pas livré, tant que le prix n'a pas été payé.

IV. — La femme mariée étrangère ne doit avoir l'hypothèque légale sur les biens de son mari situés en France que si sa loi nationale lui accorde une hypothèque analogue.

DROIT CONSTITUTIONNEL.

I. — La Constitution de 1875 peut être révisée par les deux Chambres réunies en Assemblée nationale, même sur les points qui n'ont pas été désignés lors du vote séparé de ces deux Chambres.

II. — Les Commissions d'enquête parlementaire ne peuvent obliger les citoyens à comparaître devant elles comme témoins.

DROIT PÉNAL.

I. — Le condamné à la peine de mort, maximum des peines édictées par la loi, ne purge par l'effet de cette condamnation que le crime pour lequel il a été condamné, mais non tous les crimes et délits antérieurs qui auraient pu être commis par lui, précédemment à sa condamnation.

II. — L'amnistie replace le condamné dans la situation qu'il avait avant sa condamnation, relativement au domicile exigé pour l'éligibilité.

DROIT INTERNATIONAL.

I. — Le Tribunal français, auquel on demande de rendre exécutoire une décision émanée d'un Tribunal étranger, a le droit de la réviser au fond.

II. — En cas de faillite prononcée à l'étranger, il faut, quant au dessaisissement du failli, distinguer entre ses meubles et ses immeubles sis en France.

III. — On doit reconnaître en France la qualité des syndics nommés par un jugement étranger déclaratif de faillite et leur permettre tous les actes qui ne sont pas des mesures d'exécution.

IV. — Dans la vérification des créances nées à l'étranger, il faut distinguer entre la procédure et le fond du droit des créanciers.

V. — Un Tribunal français peut homologuer le concordat obtenu à l'étranger par le failli et même rendre exécutoire le jugement d'homologation de ce concordat émanant d'un Tribunal étranger.

Vu par le Doyen Président,
Ch. **BEUDANT.**

Vu et permis d'imprimer,
Le Vice-Recteur de l'Académie de Paris,
GRÉARD.

TABLE DES MATIÈRES

DROIT ROMAIN
DE LA VENDITIO BONORUM

DROIT INTERNATIONAL

DE LA FAILLITE DANS LES RAPPORTS INTERNATIONAUX

Châteauroux, Imprimerie Henri LECESNE.

www.ingramcontent.com/pod-product-compliance
Ingram Content Group UK Ltd.
Pitfield, Milton Keynes, MK11 3LW, UK
UKHW022207120726
13694UKWH00002B/447